生きるために、
捨ててみた。

だいたひかる

幻冬舎

生きるために、
捨ててみた。

はじめに

こんにちは。女芸人のだいたひかるです。

心に〝あれ？〟と引っかかった毒を「どーでもいいですよー」や「冗談を言います」という言葉で淡々と放ってきた、これまでの私。でも、２０１６年に40歳で乳がんがわかると、自分の中に発覚した毒をネタにするほど、冷静に自分を保てませんでした。

体が心配なのはもちろん、再婚をして3年目。もし私が死んだら、夫にあと片づけをさせるのか――。そう考えると、いたたまれない気持ちになりました。

私の場合、読み進めてもらえればよくわかってもらえると思うのですが、とにかくモノを捨てられないんです。いわゆる汚部屋とは違いますが、どう考えても着ない服、あからさまに必要数を超えた文房具、絶対に使わない子供時代のグッズ……。他人からしたら、それこそ「どーでもいいですよー」と思われるものが家にたくさんあふれていて、なのにそのどれもに愛着があって、なかなか手放すことができませんでした。

だけど、がんになってはじめて、時間は有限なこと、人間も必ず寿命が訪れることを、深く実感したんです。そして残りの人生をどう生きたいのか、人生の終着駅を目の前に突き付けられたことによって、自分を見つめ直しました。

そこで気づいたのは、私はモノを捨てられないのではなく、そのモノにつまった楽しい思い出に執着しているのかもしれない、ということ。同時に、過去の思い出で埋まった心には、未来の出来事が入るスペースがなくなってしまうのでは、と思ったのです。

人生のタイムリミットを知ったからこそ、この先もそんな風に暮らすのは嫌でした。病気を克服したら、夫と一緒に楽しいことを積み重ねて、新しい経験をたくさんしたい。それで心を満たしたい。だとしたら、自分が思い描く未来のために、過去とちゃんとおさらばしなければ！　そうして、ようやく捨てる決意が整い、片づけ生活をスタートさせました。

あれから毎日、「1日1個、生活用品以外のなにかを捨てる」をルールにして暮らしています。術後1年くらいは体力も気力もなくて、すぐには開始できませんでした。今も体調によってはできない日もあるし、全然思い切って捨てられない日もあるし、実家に横流しして済ませてしまうこともあるし、あきれるくらい物欲もあるし、理想には程遠い生活です。

だけど、モノが増えては捨てて片づけるという行為は、生活ができている、いわば生きている証拠。当たり前の営みができる幸せを噛みしめながら続けています。また、捨てる判断に迷うものに出くわしたときは、尊敬する作家・寺山修司さんの言葉「振り向くな、振り向くな、後ろには夢がない」を思い出して。スナフキンの「モノの持ちすぎで苦しむのは、自分だぞ」という言葉に心を奮い立たせて、手を止めないようにしてきました。

おそらく、この本を手に取ってくれた方の中には、片づけが苦手、でも、そろそろやらなきゃ〜と、重たい腰をあげている途中の人も多いのではないでしょうか。私も昔から片づけが苦手で、その手の本を何冊も読んできました。そのたびに〝丁寧で美しい暮らし〟に憧れていましたが、これを実践しようとすると、なかなか続かない。近頃はもうそのスタイルは自分には向いてないと、キッパリ諦めました（笑）。それよりも、自分や家族にとって居心地のよい空間とは何かを考え、目指すようになったんです。

というわけで、ここに書かれているのは、〝高みを目指す〟片づけ方法ではありません。私ががんになったことで見つめた、〝本当にいるモノ、いらないモノ〟記録です。モノだけでなく、人、コトへの向かい方、そして不妊治療を経て授かった子供への思いなども記しました。

人生をよくしたいと思うのは、きっと「私だけ？」ではないはず。だからこそ、この本をきっかけに、自分にとっての〝スッキリ〟とは何かを考えたり、捨てられなかったものとお別れしたり、ちょっと生活を変えたい、自分を見つめ直したいと思う人の道筋を照らせれば、幸いです。

私も自分が納得するスッキリした暮らしを目指して、今日もゆる〜く片づけていきます。

目次

はじめに —— 2

part 1 生きるために、モノを捨ててみた。

- 化粧品の整理をしたら、飾らない自分が手に入った —— 14
- ブランドバッグを集めるよりも、自分がブランドになることを目指す —— 17
- 洋服は年齢と体形を考えて、自分にあった方法で減らす —— 20
- ヒールの靴を手放して〝歩ける靴〟だけに —— 23
- 日常に根付かない調理グッズは、貸しサービスで —— 25
- 本は、気に入ったフレーズのみ残す —— 28

・〝写真収納〟と〝未来を見ること〟が思い出の品を手放すコツ —— 31
・思い出の写真だって、捨てていい —— 34
・趣味の文房具用品は「全部出し」で選別する —— 36
・作っている時間が楽しいだけと気づいた、ハンドメイド品 —— 39
・「再利用しよう」ほど、無駄なことはないかもしれない —— 41
・〝捨てスイッチ〟が加速する、嫌いなもの —— 44
・大きな置物は、けっきょく邪魔物!? —— 47
・ゴミ箱とマット類を処分すれば、掃除洗濯の省エネに —— 49
・扉が「すっ」と開け閉めできるかが、モノの適量バロメーター —— 52
・美しい暮らしに焦がれる女性に立ちはだかる〝かご問題〟 —— 55
・捨てることがサクサクできる〝片づけ日和〟 —— 57
・冷蔵庫の片づけは、自分のからだも家族も喜ぶ —— 61

私だけでしょうかコラム 1
イヤなことがあったら、携帯とスケジュール帳をチェンジ —— 63

part 2

生きるために、考えを変えてみた。

・〝せっかく来たんだからテンション〟でモノを買わない —— 66
・新しいものを買うのではなく、あるものを生かす —— 68
・買うのは、長く着られる服と面倒なことを避けられる服 —— 71
・ストック目当てにモノを買わない —— 73
・賃貸か持ち家か、私なりの結論 —— 76
・モノ、人、コトが合わさって部屋は作られる —— 79
・「がん＝死」ではないと思えるようになった夫の言葉 —— 82
・欲しいのは、仲間と希望 —— 88
・お金の管理は年を重ねるほどシンプルに —— 92
・食生活を見直して、自分をいたわる —— 95

・飲まないことがストレスだったお酒がやめられたワケ――100
・バスタイムはおしゃれよりもワクワクを♪――103
・がんになって「女子力」が上がった！――105
・夫のパンツをはいています――108
・がんになって、「地球ってテーマパーク」と気づいた！――111
・料理のレパートリーは少なくていい――115
・「ないもの」でなく、「あるもの」を数える――117

私だけでしょうかコラム 2
毎日コツコツの家計簿は3か月で終了――120

part 3

生きるために、楽しみを残してみた。

・テンションの上がる「ガチャガチャ」は3回まで —— 122
・甘いものは夫婦喧嘩のときに —— 125
・キャラクター好きはやめられない、止まらない —— 127
・実用性とワクワクをくれる、100円ショップでの買い物 —— 130
・夫の植物愛が伝染して〝丁寧で美しい生活〟に近づいた —— 133
・誕生日や記念日は心のこもったプレゼントを —— 136

私だけでしょうかコラム 3

確実な情報はSNSより雑誌に限る —— 139

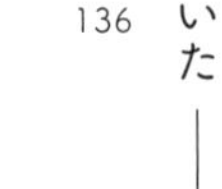

part 4

生きるために、未来を欲してみた。

・芸人になったのは、本音を言ったらウケたから ── 142
・反発も悲しみもがんも、すべて受け止めてくれた母 ── 148
・「迷惑をかけられたい」と言ってくれた夫 ── 152
・「死んでもいいからやってみたい」不妊治療へのチャレンジ ── 156
・3人で冒険の船を漕いでいきたい ── 162
・家族が居心地のいい家を作っていく ── 165

私だけでしょうかコラム 4 ── 夫婦の絆を深めるエゴサーチ ── 169

おわりに ── 170

アルバム　こんなことやってました ── 175

part 1

生きるために、モノを捨ててみた。

化粧品の整理をしたら、飾らない自分が手に入った

捨てられない、収納が苦手、そもそも片づけのやる気が湧かない……片づけの悩みって人それぞれだと思います。

私の場合は「はじめに」にも書いたように、捨てられないのが一番の悩みでした。いざ捨てようと思っても、使い込んで愛着のあるものなら手放したくないし、一方で使ってないものは、なんで買ってしまったんだろうと後悔に襲われたり、まだ使い道があるかもしれないと考えこんでしまったり。その繰り返しでした。

しかし、そんな捨てられない私にも、比較的サクサクとお別れできたものがあります。それは、化粧品。35歳くらいから、メイクで自分をキラキラさせようとする行為が恥ずかしくなってきたことがきっかけでした。

化粧品にはいろいろキャッチコピーがついていますよね。グロスだったら「攻め唇」とか、「艶くちびる」とか。仮にそんなグロスを私がつけていたら、「だいたひかるに、どうして攻め唇が必要?」と思われそうだし、そういうものをレジに持っていくこと自体がそもそも恥ずかしい。気にしすぎですかね?ただ、私にはもともと女度をアピールしたくない側面があって、芸人という職業も考えると、化粧は自分の頑張るところじゃないだろうと思ったんです。

捨てたのは主に、アイシャドウや口紅、グロスなどの〝盛る〟ほうのアイテム。特に、色鮮やかなものはもう長年使ってなかったので手放しました。若い頃は海外旅行のお土産にブランドの化粧品をもらうとうれしかったのですが、正直使い切れたためしがない。なので、これも一気に捨てていきました。

どんどん手放したことによってアイテムが少なくなり、また、ヘアメイクさんでもモデルや女優でもない私には必要ないなと思って、化粧品を入れるバニティーポーチも手放しました。

残った化粧品は、リキッドファンデーション、チーク、色付きリップクリーム、マスカラとビューラー、アイブロウ。自動的に、巷で言うところの引き算メイクになりました（笑）。

そうそう、アイラインを引くのもやめました。雑誌で、「年とともに目が悪くなると、きれいに線が引けなくなるから逆効果」という記事を読んだからです。確かに、ときどき張り切りすぎて、アイラインが漢字の「しんにょう」みたいになっている人いますよね。人のふり見て我がふり直せではないですが、そうはなりたくないなと……。

化粧品の片づけを通して得たのは、無理して自分を飾る必要はないということ。自然体で生きていけばいいや、という心持ちになれました。メイクには時代性もありますし、年齢に沿って変化していくことも必要。とすれば、古いアイテムは思い切って捨ててみる、そんなところから始めてみるといいかもしれません。

ブランドバッグを集めるよりも、自分がブランドになることを目指す

自然体の自分でいようと思って手放せたモノでいえば、ブランドバッグもそうです。シーズンごとに我先に新作を買う、女性のバッグ競争に参戦したいお年頃でもあったのでしょう。私も20代~30代の頃は、仕事を頑張った自分へのご褒美として、せっせとブランドバッグを買っていました。時代的にも、今よりもっとみんなこぞってブランドバッグを買い求めていたような気もします。

でも、あるときふと思ったんですね。芸人は身一つでマイクの前に立つ職業。ステージにバッグを持ってはいかないだろうと(笑)。結局、自分自身が「だ

いたひかる」というブランドになれば、ブランドものに頼る必要はないのではないかと気づいたんです。自分に自信がないから、ブランドの威光を借りていたけれど、それに頼るのは卒業しようと思いました。その途端、一気にブランドバッグ熱が冷めていったんです。

しかも、ブランドバッグは大体本革で作ってあるから、バッグ自体が重たい。それもあって、年々持ち歩かなくもなっていました。あるとき、駅のホームですれ違った人の革のカバンが脛（すね）に当たってものすごく痛くて、バッグはひとつの武器になるんだと思い知りました。バッグ熱が冷めてきたことに加え、そんなふうに人様に迷惑をかけたくないと思い、数十個あったブランドバッグはリサイクルショップへ売りました。

結果、今も手元に残して使っているのは2つです。ひとつは、A4サイズが入る大きさで軽くて柔らかいもの。もうひとつは、メッシュ素材の軽いもの。ようは、私にとってバッグは、軽さと実用性が大事なんですね。

そう考えると、今は、紙袋こそが最強のバッグなのではないかと思っています。極端と思われるかもしれませんが、実際、女優の波乃久里子さんは、きれい好きゆえにお出かけはバッグではなく紙袋、財布ではなく紙封筒を持っているそうです。育ちのいい人は行きつくところが違いますよね。さすがに私は、紙袋をデイリーバッグとして出かける勇気はなく、まだまだ修行（？）が足りません。

洋服は年齢と体形を考えて、自分にあった方法で減らす

多くの女性にとって、いちばん悩ましいのは洋服の整理だと思います。私も今に始まったことではなく、30代から徐々に整理せざるを得ませんでした。

というのも、洋服も年齢によって好みが変わってきますよね。丈の短いものが似合わなくなるのはもちろん、私の場合、20代の頃は大きな水玉や花柄が好きだったのに、30代に入ってからはしっくりこなくなりました。そして次第に小さな水玉模様や小花柄を買うようになり、さらにそれすら違うと思い始めてからは柄物を処分。いつの間にか無地の服ばかりのワードローブになりました

（笑）。

そして30代から40代にかけては体形の変化もすごく感じました。いちばんは背中に肉がつき、そのフォルムたるや自分でも幼虫みたいになってきたな、と……。「チャックが上がらない！」というマンガみたいなことも経験しました。さらに乳がんを患って胸も切除したので、背中の肉や胸が目立ちやすい、身体のラインを強調するような服は捨てました。

他には、若い頃に旅先で着ようと、テンションが上がって買ってしまったホットパンツやホルターネックも。冷静になって考えてみると、こんなのもう着られないよね、と思ったんです。1度しか着ていないし、思い出もあるからとずっと捨てられずにいたのですが、写真が残っていれば十分だと思い、処分しました。

洋服はゴミに出すのが心苦しかったのですが、最近、散歩の途中で、1回に10着まで持ち込めて、1か月ほど委託販売してくれるリサイクルショップを発見しました。売れたら売上の60％がもらえて、期限内に売れなかったら寄付してくれるというんです。だったら労力が少なくていいし、誰かの役にも立てるので、心が痛まなくていいなと。今度そこへ持っていこうと思い、時期的によさそうなものを寄り分けているところです。

一度メルカリにも出してみましたが、「着た感じはどうですか？」と質問が来たり、「100円安くしてもらえませんか？」と値切り交渉があったりして、そのやり取りに時間をとられるのがもったいないと思い、自分には向いてないとやめました。

処分に悩むときは夫に相談することも。「これ着ている私、もう一回見たい？」と率直に聞くと、「ちょっと若いかな」「かわいすぎるかな」とアドバイスが返ってくる。それによっては捨てていいかなと背中を押してもらえます。ちゃんとした答えを返してくれる人に聞いてみるのも、モノが捨てやすくなるひとつの方法かもしれません。

ヒールの靴を手放して〝歩ける靴〟だけに

乳がんになって、洋服よりも捨てたのが靴。ヒールのあるパンプス類を全部捨てました。以前は洋服に合わせて靴を買うのが好きで、色違いで揃えるほど。それに比例するように、昔は歩くのが嫌いで、1メーターすらタクシーに乗るような、いけ好かない女でした（笑）。

だからこそ、ヒールの高い靴を履けていたのかもしれないのですが、乳がんになって入院したら、寝たきりの生活が続いてトイレに行くのにも筋肉が落ちたのか以前より時間がかかるようになり、もしかしたら、この先自分の足で歩けなくなるかもしれない、普通のことができなくなってしまうかもしれないと怖くなりました。

そういった思いがあって、退院後は〝歩ける靴〟だけ残そうと思ったんです。それにデザインがかわいくて買ったパンプスはだんだんと劣化してしまい、履かなくなっていました。履かない靴で場所だけとっているのもどうなのかと思い、処分へ。

現在は、スニーカーなど大地を踏みしめるような歩きやすい靴だけ残して、散歩を楽しんでいます。自分の足で歩けるって、当たり前だけど、それだけで素晴らしいことなんですよね。

日常に根付かない調理グッズは、貸しサービスで

化粧品も服も靴もバッグも、自分をよくしたいから買うわけですが、暮らしの中でもときどき〝いい女〟ぶりたくなるのが私の悪いクセ。いわゆる〝丁寧で美しい暮らし〟を目指して、これまでもいろんなモノを買いました。

例えば、ホームベーカリー。家でパンが焼けるなんて、すごく充実したイメージですよね。そう思って購入し、初めてパンを焼いたとき、それはもうふっかふかで「私、パン屋開けちゃうかも！」というくらい大感動でした。でも、次にやってみたら、4時間も待ったのに、なんとぺちゃんこ！　しかもそれか

ら2～3回たて続けに同じ結果だったので、心がポキポキと折れました。最初にちゃんと焼けたのは、単なるビギナーズラックだったのか？　何が悪かったのかはわからないけど、これは私には使いこなせないなと思ったんです。

他にも、油を使わずに揚げ物ができるという謳い文句に惹かれて、ダイエットにいいかもとも思い、ノンフライヤーも購入しました。が、結局フライドポテトを5回くらい作っただけ。スムージー生活に憧れて買ったミキサーは、底にある刃を洗うのが怖くて年に1～2回しか使いませんでした（あとから洗剤と水を入れてスイッチを入れれば洗ったことになると知りましたが……）。

調理家電は大きく幅をとることもあり、日常に根付かないんだったらいっそ捨てようと、みんな手放しました。買った当初に十分楽しんだと思えば、そこまで未練は残らなかったです。

愛着のある調理家電も捨てました。例えば「しゃぶ中」。しゃぶしゃぶ用に買った卓上電気コンロを我が家では「しゃぶ中」と呼んで愛用していたのですが、コード付きだからいずれ足をひっかけそうで危なかったので、処分しました。

卓上たこ焼き器・愛称「テツオ」も、夫と新婚当時に家電量販店に行って初めて買った思い出の品ですが、以前は週一で使っていたのに、近所に「銀だこ」があるので買ったほうが早くて、もうあんまり使ってないので手放そうと思っています。

どれも夫におねだりして買ってもらったものばかりなので、毎回捨てる相談をするたびに、悲しい顔をされるのが申し訳ない……。これから気になるものがあったら、短期間リースしてくれるサービスで楽しもうかなと思っています。

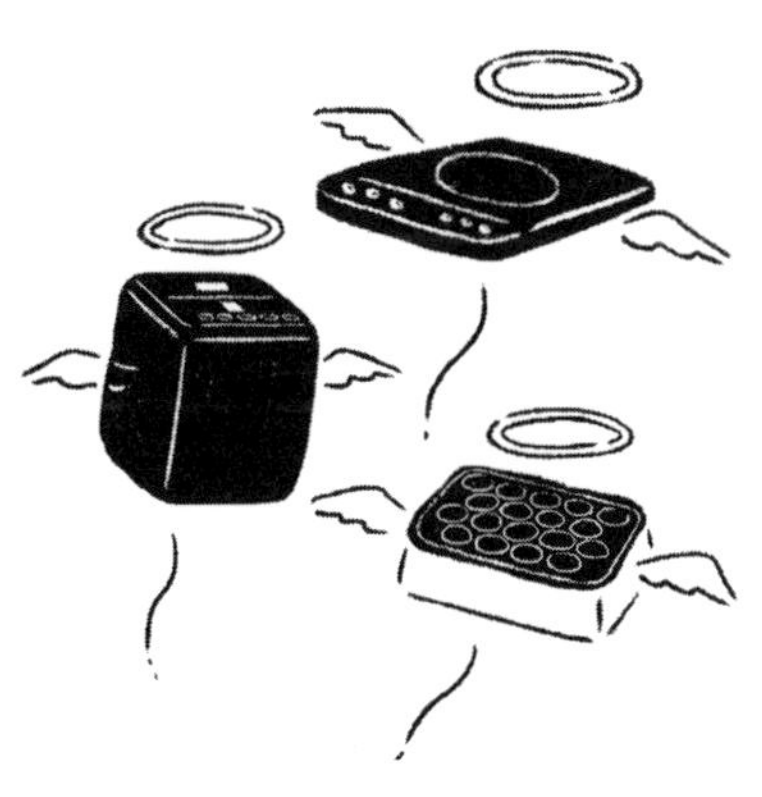

本は、気に入ったフレーズのみ残す

読書家の方の中には、どんどん増える本の整理をどうしたらいいか、困っている方も多いかもしれません。

マイケル・ジャクソンの言葉に、「僕は読書が大好きだ。もっと多くの人に本を読むようにアドバイスしたい。本の中には、まったく新しい世界が広がっているんだよ。旅行に行く余裕がなくても、本を読めば心の中で旅をすることができる。本の世界では、どこでも行きたいところに行ける」とあるように、本が与えてくれることって無限ですよね。

この言葉に共感するように、私も若い頃から趣味は読書で、本を買うお金は惜しまず、家には大量の本がありました。20代の頃は衣装ケースに、作者の名前50音順に並べて保管。そのため、独身女性の持つ本の量を遥かに超えていたみたいで、引っ越しをするたびに業者さんから「まだあるんですか?」と呆れられていました。

その後、なるべく図書館に近い物件に引っ越して、家に置いておく本を減らすようにしましたが、あるとき、ふと思ったんです。本って、何度も読み返すものはごく一部だと。心に響くのは、本の中の一部のフレーズかもしれない。だったらその部分だけを手元に残しておけばいいと。そうして本を読んで、気に入ったフレーズがあったら、ルーズリーフに書き写すようになりました。ルーズリーフなら1~2枚で済みます。

そしていつでも読み返せるように、文芸の男性作家は黒、女性作家は赤、短歌などは青のファイル、というふうに色別にファイリング。今、本としてまるごと1冊手元に残しているのはサイン入りの頂き物や、歳時記や辞書に絞り、備えつけの棚におさまる30冊程度と決めています。

こんな風に言っておきながら、この本は、できれば皆さんのおうちに残して

おいてほしいと願うのは、調子がいいでしょうか（笑）。

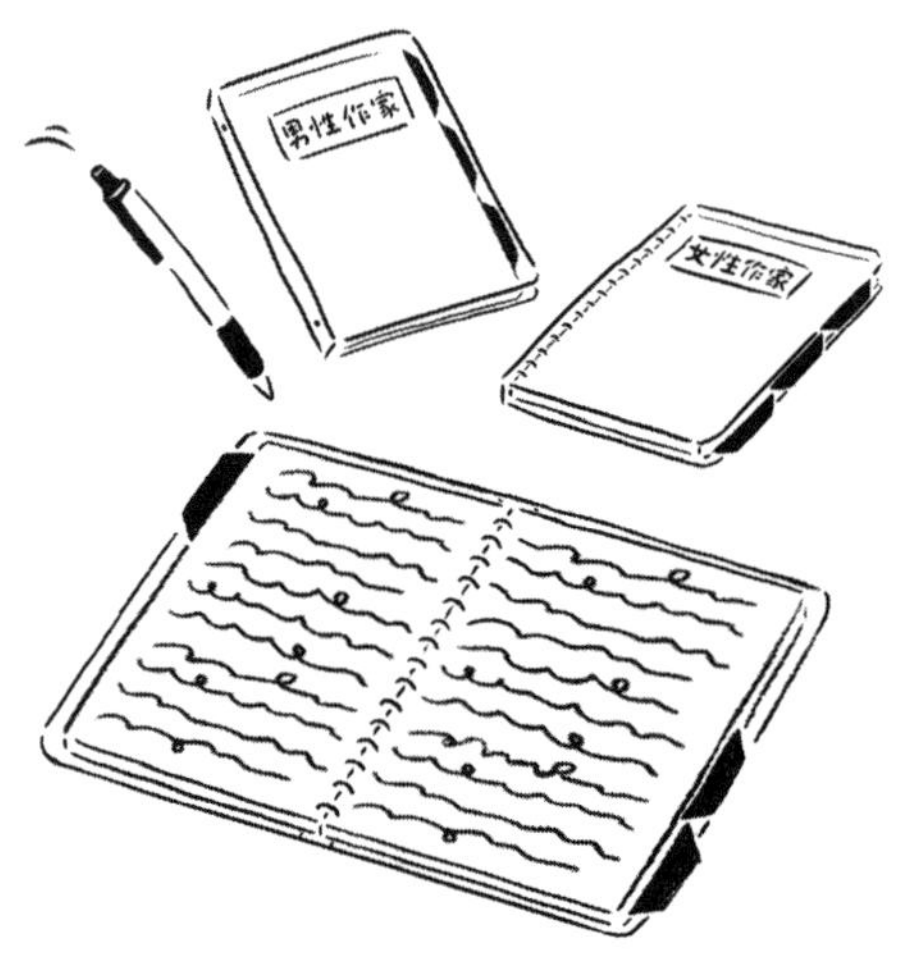

〝写真収納〟と〝未来を見ること〟が思い出の品を手放すコツ

心が痛むから捨てられないモノといえば、断然子供の頃のものかもしれません。お子さんがいるご家庭の方はなおさら、お子さんが幼い頃に使っていたキャラもののグッズ、母の日や父の日にお子さんがくれた自分のイラスト、成長の記録がわかる小さい頃の手形などは、目にするといろんな思い出があふれ出てきて、なかなか捨てられないのではないでしょうか。

我が家の場合、まだ子供がいないのに、子供が持っているようなグッズがたくさんあります。それは、私が子供時分に使っていたキャラものの筆箱やお弁当箱、おけいこバッグなど。それこそ母が「胸が痛んで捨てられないから」と、私に送ってきたものです(苦笑)。

乳がんになるまでは、思い出の品はやはり貴重で、そこまで捨てる必要もないと思っていました。でも、乳がんになったことで、過去のものにとらわれていては新しいものは入ってこないという心の変化があり、いちばん捨てにくい思い出の品にも手をつけることにしたんです。

ここでの片づけを後押ししたのは、写真とブログでした。私は19年の1月から毎日捨てたものを写真つきで、一言そえてブログにアップしています。実は片づけ生活を始めた頃、どうすれば罪悪感を抱かずに捨てられるかを探っていて、「捨てたもの日記」をつけていました。今日捨てたものを、イラスト付きでルーズリーフに書きとめる。記録に残っていることが供養につながる気がしたんです。だけど、しばらくすると、それ自体がゴミなことに気づきました(笑)。

でも、やっぱり何か記録に残したいと思って、日記をやめて、ブログに書くことにしたんです。すると、一気に進めやすくなりました。まだ昭和の香りのするキティちゃんの小物ケースやマイメロディの巾着など、昔のモノを撮影してアップすると、思いのほか、読者の方が「懐かしい〜」「私も使っていました」「もっと見たいです」とか、喜んで反応してくれたんですね。皆さんに見てもらうことで、ちゃんと供養ができた、そんな気持ちになって手放せたんです。

捨てていくうちに、「昔のもの＝心がほっこりするような思い出」ばかりでもないという気づきもありました。具体的には、小学校時代の交換日記。読んでみたら、書いてあるのはクラスメイトの噂話ばかり（笑）。これはお互いのためにもこの世にないほうがいいと思って捨てました。

８年前にいただいた結婚祝いのご祝儀袋も、昨年ようやく処分しました。中身を出したらすぐに捨ててしまうのが普通なんでしょうが、祝っていただいた方の気持ちを考えるとずっと捨てられなくて、大事にしまっていたんです。でも、よく考えれば、２人が仲良く暮らすことがいちばんのお礼なんですよね。写真に残すこと、未来を見ることが、思い出の品と別れやすくなるポイントかもしれません。

思い出の写真だって、捨てていい

写真に撮ることで捨てる罪悪感を軽減してきたわけですが、見方によっては写真だって残しておく必要はないかと思います。写真っていわば過去のものだから、これからは未来を見なくちゃと考えて、プリントしてある風景写真や微妙な写りのものなどは、ガンガン捨てました。

今は携帯を機種変更しても画像データを新機種に移行できますが、少し前まではそれができませんでしたよね。携帯を変えたら、中の写真も同時にさようなら。でも、なければないで、平気で過ごしていた。そう考えれば捨ててもいいなと、執着がなくなったんです。それよりも、いずれこの写真をきれいにアルバムにしなくちゃ、という長年のプレッシャーから解放された喜びのほうが大きかったです。

こんな偉そうなことを言って、携帯に取り込んだデータ写真は全然整理できていません。ある程度、身の回りの片づけが終わったら着手しようかなと思うんですが、いったいいつになることやら……。

趣味の文房具用品は「全部出し」で選別する

趣味のものがたまってしょうがないという方も、いらっしゃるのではないでしょうか。私も文房具オタク。子供の頃から鉛筆や消しゴム、ノートと、とにかく買い集めていました。

芸人になってからは、さらに文房具熱が加速。特にネタに行き詰まると、1ページ目なら何かいいことが書けそうな気がすると、そのたびに新しいノートを買っていました。文房具は安いものだと100円台のものがあるので、たくさん買っても破産はしないのが、歯止めの利かないところ。そんな風に集めたところ、一時期はノートだけでも500冊くらい持っていたんじゃないでしょうか。引きますよね（笑）。

消しゴムもピーク時は100個くらいあって、なかには小学校のときに友達からもらったものも。さすがにその有様を知った母から、「ひかるはどれだけ間違えるつもりなの？」と言われました（笑）。確かに大人になって消しゴムを使うシーンって、なかなかないんですよね。レターセットだってそう。たくさん持っていても、出す相手がいない。そう気づいて、少しずつ整理するようになりました。

このときに役立ったのが、いわゆる「全部出し」。引き出しにしまってあるもの、箱にしまってあるものを出して、いる、いらないと選別していきました。ペンならペン、消しゴムなら消しゴムというように同じ種類で並べていくと、比較が簡単にできる。そうして状態がいいものや、やっぱりこれ！というものだけ取り分けて、減らしていきました。

ちなみに日常的に使うハサミやテープのりなどの文房具類は、なるべくひとつに絞り、決まった場所にまとめて置くようにしています。モノの住所を決めたことで、探す手間が減りました。「出して選別」して量を決めたら、使うときは「出したら戻す」を徹底。収納の基本のキ、やっぱりこれにかなうものはないですね。

作っている時間が楽しいだけと気づいた、ハンドメイド品

手作り品、いわゆるハンドメイドのものも愛着が湧いて、捨てづらい部類に入るかもしれませんね。

私も一時期ハンドメイドにハマったことがあり、シュシュなどの小さいものからトートバッグといった大きいものまで、せっせと自分で作っていました。

一度ハマると夢中になってしまう性格なので、いろんなものを作ってきましたが、シュシュに関してはできたあとは使わずにホコリをため、トートバッグは頑丈に作りすぎて重たくて全然出番がないなど、結局、作る時間だけが楽し

いんであって、実用性には乏しいことに気づいたんです。

意味がない代表でいえば、マトリョーシカのように、サイズ違いで作った同じデザインのバッグなんかも……。作る前の布だけでも収納スペースはとるし、作ったとしても使わないときたら、もう捨てざるを得ませんよね。

しかも、自分なりに生地からちゃんと選んで作っていたつもりでしたが、あるとき値段の安い既製品でも、自分で作るよりもよくできていることに気がつきました。

また、自分で作ると「これ、私が作ったの」とアピールしたくなります。でもそれって「私、いくつに見える?」と同じくらいスベるネタ(笑)。自分が目指すおばさん像ではないと思って、作ること自体をやめました。

でも、いざ捨てるものをブログに10個くらいアップしたら、皆さんから「欲しい」とか「恵まれない人に寄付してください」などとご意見をいただいて、ただ捨てるのがもったいなくなってしまいました(笑)。さすがに作りかけのものは捨てましたが、まだ気に入ったものは残している状態……。何かしら方法を考えなくてはならないと悩んでいるところです。

「再利用しよう」ほど、無駄なことはないかもしれない

ハンドメイドに近いところでは、リメイクというか、再利用もやめました。これまでは、おしゃれな缶の紅茶やかわいい箱のお菓子をいただくと、乾電池などを入れるちょっとした小物入れにしていました。靴が好きだったこともあって、靴箱にも文房具や手紙、写真などを入れて保管。昔着ていたキャミソールなんかは、ミシンを収納しているかごの中に入れて彩りを添えつつ、ミシンが傷つかないようにしていました。

この再利用の心は、母からの遺伝。母もモノを捨てられないタイプで、捨て

る前に何か再利用できないか考えて、うまく再利用先が見つかると、「再就職先が決まった」とか「二毛作できた」と喜んでいました（笑）。

でも、自分が片づけに直面してみると、再利用を考えている時点で、モノの役目が終了している証拠なんですよね。本来の用途で魅力を感じなくなっているのに、無理して別の使い道を考えたり、何段階もステップを踏んで捨てる必要ってあるのかな？　と思うようになったんです。

まだ、パッと再利用のアイデアが思いつくならいい。例えば、もう履かなくなったカラータイツや穴の開いた靴下などは、床を磨いてから捨てればいい。使わなくなったマグカップは綿棒入れにするなどです。私も何に使えるだろうかと考えること自体は好きで最初の頃はやっていたのですが、「この使い方、ぴったり！」というシンデレラフィットなんて、１００個に1個くらいしかないことに気づきました。だとしたら、それを思いつくまでの時間と置いておくスペースがもったいないですよね。やっぱり役目を終えたものは早めに手放したほうがいいと、考えるようになったんです。

とはいえ、やはり捨てるには忍びないものも。そんなときは写真を撮って母にＬＩＮＥで送り、「これ欲しい？」と聞いてしまいます。すると、再利用の血が騒ぐ母は大体のモノは「いる」と（笑）。だけど結局これって、親のところにスライドしただけで、地球上における物量はなんら変わっていないんですよね（苦笑）。しかも、いずれは私が両親の残したものを片づけるわけで、問題の解決を先延ばしにしているだけ……。どうか皆さんは、真似しないでくださいね（笑）。

〝捨てスイッチ〟が加速する、嫌いなもの

片づけを続けるうちに、思い出の品などに直面すると〝捨てづらいスイッチ〟が入ってしまう一方で、〝捨てやすいスイッチ〟もあることがわかりました。もしかしたら、「そんなの当たり前だよ」と思われるかもしれないですが、そして私の主観にまみれていますが、せっかくなので紹介させてください。

それは、嫌いなものは捨てやすいということ。

例えば、私だったら傘が嫌いです。傘って持たずに出かけて、途中で雨が降り出して、ついビニール傘を買ってしまう。そうやって次第に何本もたまって

いくじゃないですか？　私はそんな風景を見るのがイヤで、たとえビニール傘を買ってもどんどん処分。だから我が家には、折り畳み傘を含めて4本くらいしか傘はありません。嫌いな傘で場所を取られるのが馬鹿馬鹿しいし、好きじゃないものははなから少しでいいと思えるわけです。

ストッキングも多めに持ちません。履いてないときのあのビヨーンとだらしない感じがモノとしてまったく美しくない。かわいいものが好きな私としては、耐えられない光景です。なので、ストッキングは2足しか持ってなくて、1足が伝線したら、買い足すようにしています。

帽子もワンシーズンで使い捨てますね。そもそも帽子はおしゃれのためではなく、ボサボサの髪の毛を隠すためにかぶっているからあまりこだわりがないんです。洗濯しているとワンシーズンでよれてきてしまうし、取っておいたとしても、いざ翌シーズンに衣替えで出してみると、過去のものという感じがしてしまうので、さっぱり捨てちゃいます。

ベルトも全部捨ててしまって、今や1本もありません。お手洗いに行ったときにベルトをはずす作業が増えるのがイヤなんです。

揺れるピアスとかイヤリングも捨てました。よく、揺れるアクセサリーはモテると言うじゃないですか。でも、催眠術じゃないんだから、そんなもので男を落とせるなら苦労しませんよね（笑）。以前はよく、トップスもボトムスもコーディネートされた「マネキン買い」をしていたので、そういったアクセサリーも自動的についてきてしまったのですが、片づけ生活の中で手放しました。

こうやって考えると、嫌いなものも、ときには役立つ（？）んですね。〝あれ？〟と思う日常の毒を見つけるのが得意な私の、ブラック片づけ術。捨てられない方はぜひ、お試しください！

大きな置物は、けっきょく邪魔物!?

昔、父親がビンゴ大会の賞品で、鉛筆形の貯金箱をもらってきました。それは、なんと高さが1メートルもある代物。私は、本来小さいものが大きくなっていたり、大きなものが小さくなっているものに目がないんです。私の腰の高さくらいある貯金箱は大のお気に入りとなり、上京してひとり暮らしをする際にも持ってきたほどでした。

だけど、それだけの大きさですから、小銭もそこそこたまってくると、まあ重たい。床に置いていたので、掃除機をかけるにしても一苦労で、そのうちにゴロゴロと転がさなければならなくなりました。その様たるや、まるでバス停の看板を転がしているような気分。私、なにしてんだろう……とふと我に返り、処分することにしました。

よく考えるとホコリがたまりやすいから、置物が多いと掃除の時間が増えるんですよね。それもあって徐々に処分していき、現在は置いたとしても1つか2つにしています。毎日掃除するトイレにはトイレの形をした置物を1つ、玄関には靴ベラのみ、洗面所も出しているのは、ハンドソープと歯ブラシくらいです。

すごく徹底しているように思われるかもしれませんが、実は今の家にも大きな置物、しかも貯金箱があります。コーラの瓶の形をしたそれは夫のもので、仕事から帰ってくるとそこに小銭を入れる習慣があるので、捨てることができません。日々透明な瓶が茶色や鼠色に色を変えていくのは嬉しい一方で、掃除の際はやっぱりバス停を転がしているようなシュールな気分に（笑）。換金の際に窓口の人に白い目で見られることも考えると、やっぱり大きすぎる貯金箱は使わないほうがいいのかもしれませんね。って、皆さんからしてみたら、まさに「どーでもいいですよー」なことですみません（笑）。

ゴミ箱とマット類を処分すれば、掃除洗濯の省エネに

今のマンションに引っ越す際に、ゴミ箱を手放しました。家の中にゴミがあること自体がイヤな上に、ゴミ箱は場所を取りますよね。それに捨てるモノが集まるゴミ箱を洗ったり拭いたりするのもなんだかなと。そんな考えから、今は洋服などを買った際にもらう紙袋をゴミ箱代わりにするようになりました。

ゴミ箱から指定の袋に移し替えるときのわずらわしさがなく、指定のゴミ袋にそのままバサッと入れれば書類など大事なものも外から見えにくいので、助かっています。ちなみに書類は手で大雑把に破ってその上に生ごみを入れて捨

てる方式。

シンクのゴミ箱、三角コーナーに至っては、15年前から使っていません。ぬめりやすいあれを洗わなくちゃいけないのがすごくイヤだったんですね。思い返すと、実家の母も食パンの外袋をくるっと外側にまくって置き、そこに野菜くずなどを捨てていたので、あ、これでいいんじゃんと思ったんです。ゴミにゴミを入れて一緒に捨てる、シンプルですよね。それからは、私もレジ袋を活用し、水が出るように爪楊枝で穴を開けて三角コーナー代わりに。最近は100円ショップのダイソーで似たような商品「シンクにペタッと穴あきゴミ袋」を見つけたので、それに替えました。

排水口のフタも洗うのが手間なので、万年外しています。水切りネットをつけた受け皿が丸見え状態ですが、ゴミや汚れが目につく分、毎日ゴミを捨てて受け皿を洗うようになりました。キッチンマットも捨てました。マットが汚れたら洗濯して、さらに床掃除もするって二度手間。マットがなければ床掃除だけで済みます。バスマットも珪藻土のものに替えました。

マットといえばもうひとつ、以前は好きで使っていたランチョンマットも処分しました。これも洗濯とアイロンが面倒で、防水のものも試してみたのですが、最終的にはお盆をマット代わりにすればいいんじゃないかと気づいたんです。テーブルから台所へ運べて、一番ラクじゃないですか。

お気づきかもしれませんが、私、掃除と洗濯をとことん省エネしたいんです（笑）。だから、掃除用具も徹底的にシンプル。雑巾は洗うのが面倒だし、何より捨て時がわからないから使わないし、トイレの便座や床はトイレに流せるタイプのおしり拭きで拭き、便器の中は柄付きスポンジのスポンジ部分を外していらなくなった靴下をはめ、洗ったらそのままポイします。玄関は毎日コロコロで掃除して、汚れたらウエットティッシュでたまに拭くスタイル。

料理の手間は大事だけど、掃除洗濯はいらぬ手間は省くに限りますよね。きっと皆さんにも共感してもらえるんじゃないでしょうか。

扉が「すっ」と開け閉めできるかが、モノの適量バロメーター

2020年9月に、とあることがきっかけで引っ越しをしました（理由はpart2で）。新居には作り付けの収納スペースが少ないため、捨てるペースが上がりました。

引っ越しは、いちばんシンプルな片づけ方法「全部出し」でモノの適量を知るにいい機会ですね。文房具だけでなく、家の中のものを全部出す作業をしたところ、よく家の底が抜けなかったなと思うほどの物量でした。これを全部しまっていたなんて、「私って、なんて収納上手」と自画自賛、いえ、自虐して

しまったくらいです（笑）。合計でゴミ袋100袋以上捨てました。そして、引き出しや棚の中に入っていた中身をだいぶ減らしたので、収納家具や収納用品も手放すことにしたんです。

まずは食器棚。前の家では4つ引き出しがついているケースを食器棚代わりにしていたのですが、下のほうのものを取り出すときにガチャガチャ音がするだけでなく割ってしまうことが多くて、そんな自分に嫌気がさして、こいつとはおさらばしようと決めました。

ただ、食器棚を新たに買うと、またすぐに食器を増やしてしまいそうだったので、備えつけの棚にホームセンターで買った板を足して収納することに。基本はそこに置き、大皿などの大物は、シンク下に無印良品のアクリルスタンドを置き、立てて収納しています。

大きいもので捨てたものと言えば、姿見と客用布団。姿見はお風呂の鏡をきれいにしていればそれで十分だし、客用布団に至っては、来客すらめったになくて、泊まっていく仲の友達なんてほぼ皆無。両親だって年に1回泊まるか泊まらないかくらいのペースで使用していると考えると、その年1回のために希少なスペースをとってしまうのがもったいないと思ったんです。仮に今後、両親が来るときはレンタル布団で対応すればいいですしね。

引っ越しをして大きなものから小さなものまで片づけてみたことで、モノの適量が見えました。当たり前ですが、「棚に入りきらない＝持ちすぎ」ってことですよね。

今は、どの棚も何にも引っかからず、すっと開け閉めができて気持ちがいい状態です。クローゼットにせよ、靴箱にせよ、キッチン棚にせよ、この「すっ」をひとつの適量バロメーターにしています。

美しい暮らしに焦がれる女性に立ちはだかる〝かご問題〟

実は前の家では、かごをたくさん持っていました。雑誌やテレビなどで素敵なお宅の特集を見ていると、インテリアとしてなじみやすいからか、「かご収納」がよく出てくる。いわば〝丁寧で美しい暮らし〟への近道アイテムと思って、おしゃれな雰囲気につられて、よく購入していました。だけど毎回、買ったはいいものの、慣れてないからか、うまく使いこなせない。結局眠らせてしまったものも多々あって、私には向いてないと気づき、引っ越しを機にやめようと決意しました。

いつものように母に「このかごいる?」と写真に撮ってLINEで送ると、母からは「いいかごだね」と。横流しが無事に成立しました(笑)。もしかしたら、籐のかごで作られたインテリアなどに慣れた70代の母世代のほうが、なじみがいいのかもしれません。

個人的な感想ですが、ある程度生活が出来上がったうえでかご収納に参入するのは、なかなかハードルが高そうです。他のインテリアもそれに見合っていたり、何を入れたらいいかイメージできていたりしないと難しいのかなと。あと、実はかごは隙間があってほこりがたまるから、掃除の手間も増える。そこをこまめに掃除できる人に許されたアイテムなのでしょうね。しかし、素敵な暮らしを象徴するかごが使いこなせないなんて、つくづく美しい暮らしには向いてないいんだと実感しました(笑)。

捨てることがサクサクできる〝片づけ日和〟

「1日1捨」を目標にしていますが、妊娠中の現在は、体調に合わせて3日に一度、最低でも45リットルのゴミ袋を1袋出すこともありにしています。でも、何もできなかったり、どうしてもやる気が起きないときは、無理にやりません。以前、母に「やる気が出ない」と言ったら、「そんな日もある」とあっさり。確かにそうだなと思ったんです。溺れているときにバタバタしても沈んでいくだけなので、悪足掻きはしません。そういうときは、片づけの特集をしている雑誌を見て、「あー、素敵だなー」「いいなー、こんな部屋」とイメージをふくらませることで、片づけスイッチをためていきます。

古い邦画やドラマを見ることも片づけスイッチを入れる方法のひとつ。『坂の上の雲』の主人公の秋山好古さんなんて、部屋の中には座布団どころか調度品も道具もいっさいなくて、部屋の隅に鍋と釜と茶碗がひとつだけ。それが家財のすべてだったと。今でいうミニマリストってやつでしょうか。小津安二郎さんの映画にしても、部屋には必要最小限のものしかなくて、どこに何があるかを把握しているからか、主婦の動きに無駄がないんですよね。

非日常の空間を味わえる旅行も、やる気スイッチが入りますね。まず、旅行から帰ってきて家が汚いと、とたんに現実に引き戻されるので、きれいに片づけてから出ていきますし、私の場合、なにより旅から戻ってきたあとに、俄然やる気が出ます。

ホテルや旅館の部屋って、モノが少なくて清潔で美しいじゃないですか。しかもセンスのいい宿からは学びも多い。以前、沖縄のホテル「Villa Siesta」に泊まったら、そこはタオルの色が統一されているばかりか、プライベートビーチに行くとき用のタオルの置き方ひとつとっても、いちいちオシャレ。キッチンとリビングが付いたお家のようなホテルで、インテリアや小物の配置がセンス抜群！　収納についても参考になりました。棚や引き出しにはどこも必ず余白があって、中のものは長さ順にきれいに並んでいる。モノが少ないことを差し引いても、スッキリした部屋にはモノの住所がある。対して、我が家のモノは住所不定が多すぎる……。住民票がないモノばかりだと自覚し、家に帰ったあとに、モノをしまう場所を徹底しました。

ふだんの生活のなかで片づけがはかどるときは、どういうときか。それは、むしゃくしゃしたときです。冷静なときは「いつか使うかも」と思って立ち止まってしまいますが、頭に血が上っていると「いいよ、こんなもの。何ウジウジ考えているんだよ。もうどうでもいい」とやけくそになって、きっぱり捨てられます（笑）。

夫婦喧嘩はその最たるもので、一度「片づけが苦手かも」とポロッと夫の前でつぶやいたら、夫が「知っていた」と。その言葉にカチンと来て、「あなただって下手じゃない」と言い返したところから、片づけ対決に突入。お互いに結構な数のゴミが出たのですが、翌朝冷静になってみると「やっぱりこれまだいるかも」と、お互いゴミ袋をあさって戻している……。夫なんてそこから出した服を着ていました（笑）。それにしても夫婦して、持続力が弱すぎますよね（笑）。

冷蔵庫の片づけは、自分のからだも家族も喜ぶ

何から手をつけていいかわからないという人、片づけのやる気が出ないという人におすすめなのは、冷蔵庫の整理です。

よく片づけの本には「片づけは小さなところから」「まずは引き出しひとつから」と書いてありますが、引き出しの中は開けない限り見えませんよね。他人の引き出しを開けるのは泥棒くらいなもので、私にとってはふだん見えない引き出しは油断してもいい場所。

だけど、冷蔵庫は1日に何度も開けるので、イヤでも目に入ってきますよね。

しかも、食べものには賞味期限があるので、ちゃんと消費して循環させせなくてはいけない。冷蔵庫の中にあるものは、基本的には全部食べものです。つまり、自分の体の中に入ってくるものなので、冷蔵庫の中が汚れていたりごちゃっついていたりすると、自分の体の中も汚くなるようでイヤなんですね。だから、定期的に片づけるようになりました。掃除のポイントとしては、いかに清潔で見通しがよく、機能的で使いやすくするか。また、楽しい景色にするかです。

たとえば、夫はフルーツが好きなので、フルーツがあるときは冷蔵庫のドアを開けたとき、すぐに目に入るようにすると大体気づくので、「わぁ！」とテンションを上げた声がキッチンから聞こえてくる。自分のちょっとした工夫で、相手が喜んでくれるのが嬉しいんですね。

部屋のなかを絶景にすることはなかなか大変ですが、冷蔵庫の中の景色は自分で何とでもできます。ぜひ、やる気のないときに試してみてください。

イヤなことがあったら、携帯とスケジュール帳をチェンジ

私は独身時代、男性とお別れすると、すぐに携帯電話を変えていました。強制消去すれば、すべてを捨てて晴れて次のステップにいけるような気がしたんです。

私には、復縁の考えはありませんでした。相手のダメなところが耐えられないから別れたのに、会わない間にそれが修復されるはずがない。復縁しても、また同じことの繰り返しです。また連絡がくるかも、と思ってもこないかもしれないし、待っても時間の無駄。特に出産を考えている女性からすれば、結婚するんだかしないんだか、よくわからない男の人に振り回されている暇はありません。だから、やりとりのあとが残る携帯ごと変えてしまっていました。

また、昔はイヤなことがあると、たとえその年がまだ続いていたとしても、スケジュール帳を変えていました。1年に6回変えたこともあります。どんだけイヤな年だったんだろう（笑）。スケジュール帳を変えるとまっさらな気持ちになるので、ここからまた新しい人生の1ページを始められるんだと、テンションが上がったんです。こんな気持ちの切り替え方、私だけでしょうか？

part 2

生きるために、考えを変えてみた。

〝せっかく来たんだから テンション〟でモノを買わない

大した回数着なかった服や、あんまり使わなかった文房具を捨てるときに思ったのは、「なんでこれ、うちに連れてきてしまったのだろう」という後悔と罪悪感でした。うちに連れてきてしまったばかりに、モノとしての役割を果たすことができない。生かしてあげられなくてごめんね、とモノに対して申し訳ない気持ちになって、傷ついていました。

だからこそ必要なのは、やっぱり買わないことなんですよね。とはいえ、片づけても片づけても一歩街に出れば、物欲が襲ってくる。その誘惑に打ち勝つために心に決めたのは、「せっかく来たんだから」のテンションでモノを買わないことでした。

これは例えば、どこか新しい商業施設に行った際、「せっかく来たんだから何か買わなくちゃ」と思って、あんまり気に入ってもないのに何かを買ってしまうこと。旅行の記念にキーホルダーやペナントを買う感覚に近いと思うんですが、そういうふうに買ったものって本当に気に入ってないから、結局は使わないんですよね。うちにはそんなものが、山のようにありました。

あとは、当たり前かもしれないけれど、なるべく使い切ってから新しいものを買うようにしました。まあ、文房具とかは限定品を目にしたり、自分にとってかわいい！　と思うものに遭遇したりすると、それを忘れてしまうんですが……（苦笑）。その半面、誰もがなかなか使い切れないことが多いボールペンなどが最後まで使い切れたときは、ちょっとドヤ顔で「使い切りました！」とブログにアップ（笑）。そんな風にして新しいものに目移りするのをセーブしています。

新しいものを買うのではなく、あるものを生かす

なるべく買わないためには、今、あるべきものを活用することもひとつの手だと思うようになりました。

例えば、旅行用のスーツケースって、人によると思いますが、私が使うのはせいぜい年に2～3回です。旅に行かないときは空っぽなのに、大きくてけっこうスペースをとられる。何かいい方法はないかと思いついたのが、避難グッズをまとめて入れておくこと。

キャスターつきのスーツケースなら移動しやすい。それに、年2～3回、旅

行のたびに中のものを全部出して見直しができるので、我ながら適材適所のナイスアイデアだと思っているのですが、どうでしょう？

水、食料、ティッシュ、ビニール袋、簡易トイレなど、一般的に防災グッズとして推奨されているもの一式をスーツケースに詰めて、玄関近くの物置に入れています。大きい地震などの災害が起きたら、それぞれの防災リュックをかつぎ、このスーツケースを持って逃げる予定です。

防災リュックには、コンパクトにたためるダウンジャケットと、キャンドルをイン。普段の生活でキャンドルを使わないので、飾るだけで終わっていたものが防災キャンドルとして再就職。カップヌードルの形やバースデーケーキの形など、かなり緊張感のないキャンドルたちなので、何かあったときに緊張の糸も燃やしてくれそうです。

災害時に備えて、パスポートケースにお薬手帳や保険証、通帳などの大切なものも全部まとめました。ようはお薬手帳と通帳ケースを合体させたわけですが、もし大きな地震が来たら、これひとつ持って出れば安心。いつ地震が来てもいいように、バッグの中に入れて寝ることにしています。

独身の頃は、死ぬときは死ぬんだしと思っていたので、防災グッズのことなんてまったく考えていませんでした。でも、結婚して家族ができると、もしものことがあったら夫に申し訳が立ちませんし、勝手に死ねないという責任感が出てきました。自分ができる範囲の下準備は全部しておく。あのとき、あれをしておけばよかったと後悔するのだけはイヤなんです。

あっ、再就職というか、二毛作しているじゃないかって？　これは、用途が同じかつ、パッと思いついたアイデアなのでセーフという〝自分ルール〟です（笑）。

買うのは、長く着られる服と面倒なことを避けられる服

近頃は、ホンジャマカの石塚さんばりに、サロペットばかり着ている私。上と下がつながったサロペットはトップスのレイヤードだけ考えればいいので、コーディネートがすごくラク。まして乳がんをしてからは、胸元がカバーできることもあり、重宝しています。

ちなみに仕事のときも、芸人なので洋服で冒険する必要はないなと思って、スタイリストさんはつけていません。着替えるのも面倒なので、自前で衣装を用意し、そのまま着ていって出演しています。だから昔は、コーディネートに

悩まなくていいようにマネキン買いをしていたんですね。

近頃は不要なものまで連れてきてしまうマネキン買いはやめて、必要なもの、それもなるべく長く着られるものを買おう、という視点で選んでいます。丈の長さや素材に気をつけながら、これは本当に必要かな、似たようなものを持っていないかなと、考えて買うようにしています。

また、洗濯表示も必ず見るようになりました。もし、クリーニングや手洗い表示の素材だったら買うのをやめます。クリーニングは高いのでお金がもったいないし、手洗いは手間がかかって時間がもったいない。アイロンがけも好きではないので、シワにならないポリエステル生地が最高です。

機能性とずっと着られる上質な服をテーマにしているというと聞こえはいいですが、もちろんそればかりではありません。安くてかわいい「ファッションセンターしまむら」も大好きで、しょっちゅう行っては買っています。人間、メリハリが大事ということにしておいてください。

ストック目当てにモノを買わない

「2個で300円!」とか、「今なら3個買うともれなく1個無料でついてくる!」という謳い文句に、まあ弱いです。一時期、特売のときに、つい安いからとまとめ買いをしたレトルト食品やパスタなどの乾麺、コーヒーなどが大量にストックしてありました。ティッシュやトイレットペーパーなども仕事帰りの夫に頼むのも悪いなと思って買いだめし、ポケットティッシュのストックにいたっては100個くらいありました。

このストック癖はおそらく親譲り。以前、テレビ番組で実家に取材が入ったとき、平成の時代ではありましたが、昭和の食べものがゴロゴロ出てきました……（笑ってください）。真面目な話でいえば、手術や抗がん剤治療をした日などは体がだるくて何もできないこともあって、家にストックがないと不安だったことも影響していたと思います。

ある日、ＳＮＳで「冷蔵庫が空になってから買い物に行く」という主婦の方の書き込みを読み、当たり前のことかもしれませんが、なくなったら買いに行けばいいんだ、と腑に落ちました。よく考えると、近所に24時間営業のスーパーもあればコンビニもあるんですよね。私はネットや通販で買い物はしませんが、ネットスーパーだってある。いつでも何でも手に入る環境にあるのに、わざわざ自分で在庫を抱える必要はないのでは？　私は何をそんなに焦って買っているのだろう？　と思うようになって、次第にストックに走る自分を俯瞰して捉えられるようになりました。

そもそもストックするには場所が必要ですし、整える手間もかかります。そんな空間と手間がもったいないし、スーパーやコンビニを冷蔵庫やパントリー代わりだと思えばいい。そんな気持ちで、最近はせっせとストック品を消化することに励んでいます。すると、棚に少しスペースができて、余白があることの気持ちよさに気づきました。このまま何もない空間を増やしていきたいという気持ちを何とか持続できればいいなと思っています。

賃貸か持ち家か、私なりの結論

賃貸がいいのか、持ち家がいいのか、永遠のテーマですよね。日頃の買い物は、たとえ今日買いすぎたとしても、明日引き締めるなど調整が利きますが、固定費だとそうはいかない。特に住居費は一度住み始めたら下がることがまずないうえに、多くのご家庭にとって月々の支払い額のなかでいちばんの支出だからこそ、慎重になりますよね。

いまのところは我が家は、賃貸でいいかなと思っています。実家が一戸建てなのですが、話を聞くに修繕が大変そうだし、分譲マンションにしても、近所にイヤな人がいたらどうしようかと考えてしまいます。

それに、たまたま雑誌を読んでいたら、こんな興味深い記事が載っていました。中尾彬さん、ピーターさんが終活をテーマに話しをしていて、なんと持ち家を売ったと、言っていたんです。中尾さんは千葉のアトリエと沖縄のマンションを手放して、都内のマンション1室だけに。ピーターさんも一時は5軒所有していた家をほとんど処分したとか。建物は維持が大変で、それに縛られて身動きがとれなくなってしまうそう。

私たち夫婦は将来、沖縄や京都にも住んでみたいという考えがあるので、だったら身軽なほうがいいなと思っています。それに、人間関係をなるべくシンプルに保ちたい私にとって、ご近所づきあいが発生するのは煩わしい。回覧板があったり、お土産やおすそ分けをもらったら永遠に関係が続いてしまう世界は、向いてないんです……。

ちなみに今回の引っ越しのきっかけは、家賃の値上げでした。毎回ご丁寧に2年に1回の更新のたびに月1万円引き上げられる。昨年はコロナ禍で家賃を下げる家もある中で、6年住んでいるにもかかわらず、例年と同じように引き上げを提示されました。大家さんにも事情があるのかもしれませんが、私はそれはないだろうと思い、大家さんとの関係も断ち切りたいと思い、引っ越しを決意。夫は及び腰でしたが、「いまが出るときなんだよ！」とはっぱをかけ、出ていくことにしたのです。

こんな風に賃貸ならではのデメリットもありますが、ｐａｒｔ１にも書いたように、引っ越しを機に片づけがものすごくはかどりました。モノがたまりやすい私には、賃貸で定期的に引っ越して、モノを見直すことがあっているのかもしれません。あっ、もし、土地つきの家をあげますと言われたら、しのごの言わずにもらいます。そんなうまい話はないと思いますが（笑）。

モノ、人、コトが合わさって部屋は作られる

賃貸派な理由からもおわかりいただけたかと思いますが、私は人付き合いが得意ではありません。性格がマメではないので、自分から人を誘うということがまずなく、飲み会なども20代の頃は顔を出していましたが、2次会3次会とキリがないので行かなくなると、そのうちに呼ばれなくなりました（笑）。

今、本当に友達と呼べる人は2～3人いるか、いないか。年賀状でつながっている友達も6人くらいで、その中で現在も会っているのは、高校時代の友達2人と、20代のときに喫茶店でウエイトレスのバイトをしていた際の仲間くら

いです。ちなみにアルバイト仲間だった彼女は、お客さんから「コーヒー持ってきて」と言われて、私が「氷」を持っていくという失敗をやらかしたときも、フォローしてくれる優しい子でした。

寂しくないかと聞かれれば、再婚した夫が友達のような感覚なので、全然寂しくないんです。それどころか女友達と会うと気を遣ってしまうので、もう新しく友達を作る意欲もありません。

私、女性3人組が苦手なんです。高校生のときに3人で仲良くしていた女友達2人に裏切られたことがあるので、私がトイレに行っているすきに秘密の話をしてたらどうしようと、疑心暗鬼になってしまう。以来、人とのつきあいは腹八分目、いや三分目くらいがいいと思って生きてきました。

もしかしたらその反動で、大人になってもモノを集めてしまうのかもしれません。当たり前ですが、モノはものを言いませんよね。裏切らないし、文句を言わないし、ただただ、かわいい存在。それに、友人から刺激を受けることのない平坦な人生ですから、モノを買うことでテンションを上げている節もあります。「きれいな家を保つには、人を呼べる部屋にすること」とよく言われますが、私には我が家に呼びたいほど親しい人がいないから、なかなかきれいにならないとも言えますね（笑）。

モノ、人、コトが合わさって生活を作り上げているわけですから、その影響をモロに受ける部屋の状態が「部屋は心を映す鏡」といわれるのも大いに納得できますね。う〜ん、片づけって奥深いですね。

「がん＝死」ではないと思えるようになった夫の言葉

お互いにガチャガチャをするのが好きだったり、服が好きだったり、文房具のことを話せたりと、まるで友達のような存在の夫。がんが見つかってからというもの、一緒にいると楽しいことにプラスして、スーパーポジティブな性格にも救われてきました。

２０１６年の年明け、不正出血のため、本来行う予定だった不妊治療ができなくなり、時間があったので乳がん検診へ行くことにしました。何か異変を感じとっていたわけではなく、あくまで予防のための検査。なのに、まるで早押しクイズに答えるみたいに、胸をサッと触った医師が「右しこり」と言うじゃないですか。信じられませんでした。だけど、自分でもその箇所を触ってみると、確かにしこりを確認できたんです。これまで気づかなかったことに驚きと悔しさを覚えました。

その後のエコー検査で、右乳房のしこりのサイズは27ミリとわかり、組織検査の結果はステージⅡA。私はこの先どうなるのだろうと、お先真っ暗になりました。医師が説明する、部分切除だと3分の1ほど乳房は残せるけど再発のリスクが大きいことや、ホルモン受容体陽性だからホルモン療法が期待できるといった今後の説明はまるでお経のように聞こえるだけ。最後にやっと、「オススメの治療は何ですか？」と先生に聞くと、「全摘です」と返ってきました。

同じ病気になった女性なら、全摘するか温存するかでものすごく悩まれたと思います。私も散々悩んだ結果、夫とも話し合って、右乳房の全摘出をすることにしました。ある日、骨董を集めるのが好きな彼がこう言ったんです。

「欠けた器を金継(きんつ)ぎすると、それが新しい景色になって味わいが増すでしょう？　人間も同じように、たとえ胸がなくなっても、辛い経験や哀しみを乗り越えるわけだから、きっと味わい深い人間になっていくと思うんだよ」と。

ああ、胸を失っても、マイナスではなくプラスになれるんだと、救われる思いでした。さらに夫は、とにかく不安がる私のために、家中のいたるところに「大丈夫」と書いた紙を貼って励ましてくれました。その様子たるや、今思うとまるで差し押さえされた家みたいでしたけど(笑)。

いざ手術をしてみると、がんはリンパにも転移していて、最終的にはステージⅡBという結果。脇の下のリンパも切除して周囲の組織もあわせて45ミリの塊を摘出する、とても大きな手術でした。

術後しばらくは、まったく腕が使えませんでした。感覚がないというのではなく、単純に傷口が大きいので痛いんです。寝返りも打てないし、腕が上がらないから自分で髪も体も洗えない。人とぶつかると、絶対にそんなことはないのに、腕がちぎれそうな気がするし、くしゃみをすれば腕が飛んでいってしまうのではないかと不安に襲われる。当たり前にできていたことができず、こんなにも自分は何もできず、不自由な体になってしまったのかと、その衝撃に押しつぶされそうでした。

でも、リハビリを重ねていくうち、髪を結べるようになってきて、手を伸ばして上にあるものもとれるようになり、1年とちょっと経ったら、鉄棒にぶらさがることもできるようになったんです。抗がん剤治療も思っていたより全然平気でした。今や入院せず、日帰りでできるんですね。みんな車で病院に来て、治療を受けたあと、普通に仕事に行っていて、驚きました。

乳がんになったからといって、できないことって想像していたより意外に少なかったです。旅行もそう。夫が「家の中で悶々（もんもん）として、俺が帰ってくるのを待っている間に乳がんのことを考えるより、外に出たほうがいい」と、退院祝いにいろんなところに連れ出してくれました。

乳房を切除すると、多くの人が温泉やプールを躊躇します。でも、あるとき神戸のホテルに夫に旅行に連れて行ってもらったら、屋上にジャグジーつきのプールがあったんですね。そこでは水着のレンタルサービスがあり、抜け毛が気になっていた頭は水泳帽をかぶれば隠せるので、あとは胸をどうするかだけでした。こんな優雅なプールで泳げる機会はなかなかないという気持ちが高まり、恥ずかしい気持ちより入ってみたい気持ちが勝った結果、右胸には体を洗うタオルを丸めて詰めて入ることにしたんです。

いざ、水に入って泳いでみると、思っていた以上にめちゃくちゃ気持ちよくて何を躊躇していたんだろうと思いました。ジャグジーにあたったら、詰め物の位置がずれてウルトラマンみたいになってしまいましたけど(笑)、気持ちいいから気になりません。大浴場でもアントニオ猪木さんみたいに両肩からタオルを提げて入れば全然平気で、案外みんな人のことをじろじろ見てないんだな、と実感。宿によっては、術後の人に向けた入浴着「バスクロス」の用意もしてありました。

正直、がんが発覚したての頃は、次の日の朝に起きると「ああ、まだ生きていた!」と思って心底ホッとしていたんです。それまではがんのことを全然知らなかったから、「がん=死」だと思っていたんですね。でも、それってもはや昔のイメージ。私も含めてみんな、昔の映画やドラマの見すぎです。実際にがんになってわかったのは、治療法も薬も日々新たに開発されていて、がんになっても100歳くらいまで平気で生きる人もいる。現実は進んでいました。

もちろん再発は怖いですが、がんを経験した人間として思うのは、がんは個人では防げない。だから、心配しすぎないことが大事です。がんを怖がって過ごすより、なるべく病気を忘れて笑って過ごすこと。これに尽きます。

夫はこんなふうにも言っていました。

「がんは虫歯のようなもの。できたら取ればいい。虫歯になったらどうしようって心配しても仕方がない。万が一、再発したとしても、悪いところを取って、いつものひかるちゃんに戻ればいい」と。

その後19年に再発も経験し、今も再発や転移の不安がよぎらないこともないけれど、生き物はみな平等に、死亡率１００％です。余命２００年なんていう人はいません。だったらその恐怖におびえるよりも、がんに振り回されず、むしろ乳がんあるあるネタを作って笑わせるくらいの前向きさを持って生きていきたいと思っています。

欲しいのは、仲間と希望

がんになってから、夫に気づかせてもらったことがもうひとつ。夫は私に乳がんが見つかると、「情報が多くて下手すればマイナス思考になるから、本やネットは見ないように」と言いました。その代わり夫は、がんから復活して元気に社会復帰した方の本をいろいろ買ってきてくれたんです。そこで、登山家の田部井淳子さんが乳がんの手術をした10日後にはもう抜糸もせずにバルト三国へ登山しに行っていたり、乳がんを乗り越えて妊娠出産している人もいることがわかりました。

鳥越俊太郎さんの『がん患者』（講談社）なんて、すごいんです。なんとカバーが鳥越さんの筋肉ムキムキの体！　週3でジムに通っているそうで、とても大腸がんステージⅣだった人には見えませんでした。そういうプラスのエピソードを知るたびに勇気をもらっていたので、私も自分の経験を伝えることが同じがんで悩んでいる人に向けての励みになるかもしれないと思うようになり、発信したいと考えるようになったんです。

そこでブログを始めてみたら、私のほうが皆さんから教えてもらうことがたくさんありました。初めて放射線治療をするとき、不安だったので経験者の方がいたらどんな感じだったか教えてと聞いてみたら、「25回やったけど、あっという間だったよ」とか「30回やったけど、全然平気だった」というようなメッセージが返ってきました。実際にやってみたらその通りで、経験者のリアルな声をタイムリーに聞けるのがSNSのいいところだな、と実感。教えてもらったのだからこそ、私も聞かれたことには率直に答えようと思いました。

それもあって、病院でこれから放射線治療をする人に「費用はどのくらいかかりますか？」と聞かれたとき、25回で25万円かかったことを伝えました。私もがんになった当初、「いったいお金はどれくらいかかるんだろう」と思ったし、病院ではいくらかかるかは聞きづらいですしね。ただでさえ不安なうえに、お金の心配もしなくてはいけないのは心の負担なので、せめて相場がわかることで軽減できるかなと思ったんです。

がんになると不安は尽きません。だけど先生も忙しいので、患者側は悪いかなと思って、病状以外のことまでは聞けない。実際にカウンセリングはまた別の分野だから、不安な気持ちのサポートまでは付き合ってはもらえないんですよね。その点、経験者の言葉はいちばん役に立つし、安心材料をくれるのがSNSの良さだと思うんです。しかも、身近な人だからこそ言えないことってあるけれど、SNSでは顔が見えないのでかえって気兼ねなく聞けるよさも。

がんになると、希望が欲しいんですよね。それは精神的な面でも、情報の面でもです。「今はこんな方法がある」とわかると希望になるし、いっしょに頑張っている仲間がいるのも希望になる。SNSを介してみんなで安心材料を集めて、希望をわけあっているような感じです。

病院でお会計を待っているときに、「ブログ、読んでいます」と声をかけてもらうことが増えました。ここにも私の仲間がいたと、嬉しくなります。

これからもSNSのちょうどいい距離感で、私がこれまでに経験してきたがんのことを包み隠さず伝え、励まし合っていければと思っています。

お金の管理は年を重ねるほどシンプルに

もともとお金はあった分だけ使ってしまう性格。でも、07年に離婚したとき、これからはひとりで生きていこうと貯金を始めていたので、がんになったときもある程度の額はありました。とはいえ、いくらかかるかはわからない。それに再婚して3年目に乳がんになってしまったので、夫にだけは迷惑をかけたくない、特にお金の面倒だけはみてもらいたくないと思っていました。

自分では保険に加入してなかったので、足りるんだろうかと不安でしたが、幸い母が子供の頃からかけてくれていたケガや入院の際の保険と、父の会社が入っていた家族の保険に、私も入れてくれていました。女性疾患のプランにも入っていたので、本当にありがたかったです。とはいえ、手術、入院、抗がん剤、放射線……と何だかんだでけっこうかかりました。放射線は個人差がありますが、私の場合は25回で25万円。全体で考えると保険でだいぶ戻ってきて、持ち出しは20万〜30万円くらいだったと思います。

乳がんの治療中、病院のデイルームで毎日80代のおばあさんが女子会を開いていました。それとなくトークに耳を澄ませていると、話の最後は決まって「何はなくてもお金は大事」なんです（笑）。その言葉を繰り返し聞いて、私も退院したら絶対貯金しようと心に決めました。

そうはいっても、投資するとか、仮想通貨に手を出すとか、積極的にお金を増やす方向ではなく、もともとあったお金には手をつけず、そっと静かに銀行に預けているだけです。当然金利はほとんどつきませんが、絶対に減ることはない。それがいちばん安心だと思っています。

というのも、昔、銀行の窓口の人に「息子がだいたいさんのファンなんですよ」と言われていい気になって、勧められるがままに投資信託を始めたら、リーマンショックで大損してしまったんです！　テレビのニュースで日経平均株価が流れると、耳をふさぎたくなるような時期がありました。そんな苦い経験から、自分が理解できないことはしてはいけないのだと反省。わからないことは一切やらないと決めました。

近頃はいくつもあった口座を、メインバンク1行だけにしぼり、全部解約しました。暗証番号を銀行によってすべて変えていたので、さすがに年齢的にも忘れてしまいそうだなと思ったんです。

お金の管理は、複雑にしてはいけない。年を重ねれば重ねるほど、シンプルに。面倒くさがりの私なりの方針です。

食生活を見直して、自分をいたわる

がんが見つかったときに人が思うのは、なぜ自分はがんになってしまったのか、ということではないでしょうか。健康体だったらなおさらで、私も30代で帯状疱疹にかかった以外に大きな病気はおろか、風邪すらそんなにひいたことがありませんでした。両親も入院したことがないほど元気だったので、自分も頑丈に違いないと過信していたんです。

ただ、昔は夜型人間で、午前3時くらいまで起きていて、仕事によって起きる時間はまちまち。超不規則な生活でした。しかも、26歳からひとり暮らしを始めて、40歳でがんが見つかるまでの14年間、ろくなものを食べていない生活でした。不規則な仕事ということもあって、朝ご飯は食べないことが多く、昼に食べる菓子パンやロケ弁がその日初めて食べる食事ということも。晩ご飯は大体お酒がメインで、コンビニで買ったつまみを少し食べるだけ。スナック菓子やファストフード、ジャンクフードも大好きで、自炊はまったくしていませんでした。

もうめちゃくちゃですよね。実際、がんが見つかったとき、他に転移がないか検査をしたら、肝臓の専門の先生に「栄養失調です」と言われたんです。戦後からずいぶん経った平成に、よもや栄養失調とは……。衝撃でした。ようは、自分からがんを呼び込む体になっていたんですよね。

がんの治療をするようになってからは、転移しないためにも食生活を見直しました。まず、白いものががんによくないことを知り、ご飯を白米と玄米のブレンドにチェンジ。本当は玄米１００％にしたいところですが、夫が白米が好きなので半分ずつに。砂糖は白砂糖をやめててんさい糖に、油はサラダオイルからオリーブオイルにして、以前は揚げ物をした油を捨てずに使い回していましたが、1回ずつ捨てるようになりました。マーガリンやショートニングもよくないと聞いたので、食品を買う際には表示をチェック。それも大きな変化でした。

今は朝7時には目が覚めて、朝ご飯を作ってしっかり食べ、昼はほどほどにいただき、夜はほとんど食べないといった食生活になりました。朝によく作るのは雑炊か、温かい蕎麦かほうとう。ほうとうは野菜をたくさん採れるので重宝しています。ねぎと納豆が入った厚焼き玉子もよく作りますね。基本的に卵とねぎと納豆は常備していて、これはもう5年くらいずっと食べ続けています。食べる順番も気にするようになり、最初にサラダや野菜を食べてから、魚や肉などメインを食べるようになりました。

先生から、がんから身を守るにはよく噛むことが大事だと言われたので、ご飯は毎日、土鍋で2合、硬めに炊いています。噛むと出る唾液の中には、発がん作用を抑えるタンパク質が含まれているそうで、しっかり噛んで食事をすればがん予防にもなるというんです。時間がないときはおろそかにしてしまいますが、できるだけ頭の中で数えながら食べるようにしています。

フルーツには抗酸化作用があって、免疫力を高め、病気を予防してくれるというので、以前よりは食べるようになりました。基本的に怠け者なので、イチゴ、キウイ、シャインマスカットなど、皮をむかずに手軽に食べられるものを選んでいます。食欲がないときは無理をせず、ヨーグルトだけで済ませる日も。

がんになると、何が入っているのかわからないものは、食べるのが怖くなるんですよね。よく行く信頼できるお店なら別ですが、どんな食材や調味料を使っているのかがわからないから、外食の回数も減りました。やっぱり、自分の目で確かめて材料を買い、自分で作るのがいちばん安心。近所のスーパーで、できるだけ国産の旬のものを、調味料も添加物の入っていないものを選ぶようにしています。

とはいえ、ピンクリボンセミナーの講演会で放射線の先生と対談したとき、「添加物を完全に排除するには仙人になるしかない」と言われました。もちろん、気にしないよりは気にしたほうがいいけれど、気にしすぎて追い詰められてしまっては意味がないと。大切なのは、少しずついろんなものをバランスよく食べることだとおっしゃっていました。そう考えると、やっぱり日本人は和食を食べるべきなのかなと思います。実際、大正時代にはがん患者はあまりいなかったとか。今より平均寿命が短かったということもありますが、いろいろ省みていくと、やはり肝は食生活なのではないでしょうか。

がんは生活習慣病と言われているだけあって、ちゃんとご飯を食べて規則正しい生活をしている人は40代ではそうそうならないそうです。きっと、あのままの食生活をずっと続けていたら、たとえがんにはならなくても、別の病気で早く死んでいたのではないかと思います。若いときは無理がきいても、あとになってガタがくる。そう考えると私の体は40歳までよくもってくれたなと思います。ここまでは粗末なガソリンで、ちょっと荒く運転しすぎていました。これからは、もう少し安全運転で走っていきます。

飲まないことがストレスだったお酒がやめられたワケ

乳がんを宣告されたとき、どういう人ががんに罹りやすいのかを自分なりに調べてみたら、腑に落ちることばかりでした。ジャンクフード浸りで運動不足、そしてお酒好き。

お酒に関しては、昔は毎日1人で2本くらいワインを空けていて、まわりからもお酒の飲みすぎを注意されていました。でも、お相撲さんなんかは2升飲むという話を聞くと、私なんてまだまだ~と都合よく解釈しては右から左へ。二日酔いもしなかったし、女性だと飲むと太るからといって控える人もいますが、特に顔や体がむくむこともなかったんです。まあ、もともとむくんだような顔ということもありますが(笑)。

でも、手術前に先生から「アルコールを抜かないと麻酔が効かない」と言われて、肝臓もかなり念入りに調べられました。結果は幸い問題なし。だからといって、今までと同じように飲むわけにはいきません。それからはさすがに酒量は減らしました。でも、休肝日も作りませんでした。

というのも、乳がんに限らず、がんはストレスをためることがいちばんよくないと言われているんですね。お酒をやめてストレスになるくらいなら、気持ちよく飲む分にはいいのではと、これまた都合よく解釈したからです。先生からも、肝臓の解毒作用に関わる酵素の値が基準値を超えなければいいと言われたので、引っかからない程度にちびちびとやっていました。

ところが、昨年からのコロナ禍で、知らず知らずのうちにストレスがたまっていたのでしょうね。いつもよりお酒を多く飲んでしまっていて、病院で調べたら数値が基準値を超えてしまっていました。全然ちびちびとじゃないですね(苦笑)。さすがに反省して一時は減らしましたが、また戻ってきている……。

やっぱりお酒やめられないなあと思っていましたが、今年5月の懐妊を機に、ピタッと飲まなくなりました。今はもう怖くて飲めませんし、飲みたいとも思いません。人って変われるんだ!? と自分でもびっくりしています！

バスタイムはおしゃれよりもワクワクを♪

抗がん剤治療の影響で関節がものすごく痛くなったときに、お風呂に入ったら温まって緩和されたんです。それをきっかけに長風呂になりました。がんになる前から健康ランドは好きでしたが、自宅ではまさに烏(からす)の行水で、ただ全身を洗うだけ。それが今では本を読みながらたっぷり2時間は入っています。

いちばんの楽しみは入浴剤。今はいろんなものがあるんですね。ピンクや青、乳白色など色とりどりの温泉のもとや、季節限定の「バスクリン ちびまる子ちゃん ゆめ広がる！桜満開の香り」など、好きなキャラクターとコラボしたもの。バスボールといって、ガチャガチャみたいに何が出てくるかわからない入浴剤も外せません。これは、お風呂に入れると丸い形の入浴剤が溶けて、中からおもちゃが出てくるんです。トミカのバスボールなんて、消防車や救急車、清掃車のおもちゃが出てきて、テンション上がっちゃいました。しかし、46歳女のバスタイムの話とは思えませんね（笑）。

パジャマにもこだわるようになりました。昔、母親が「シーツは肌触りがいいものを」と、やたらに寝具に気を遣っていたのが不思議でしょうがなかったんですが、考えてみれば一日の3分の1、つまり一生の3分の1は寝ているんですよね。以前はどうせ誰に見せるわけでもないからと、短パンにワンタンのようにテロテロになった古いTシャツを着て寝ていましたが、今は洋服と同じくらいお金をかけるようになりました。年甲斐もなく、ジェラート・ピケがお気に入り。かわいさだけでなく肌触りがよくて寝心地も抜群です。

お気に入りのパジャマに身を包みながら、毎日11時には就寝。もう遅くまで起きていられませんね。昔あんなに起きていたのが、遠い日のようです。

がんになって「女子力」が上がった！

化粧などであんまり女度をアピールしたくないのですが、乳がんになってから女子力が上がったように思います。乳房を切除して、抗がん剤治療の副作用で髪も抜けてしまうと、どちらも女性の象徴のようなものだからか、無意識に女性らしさを求めるのでしょうね。

抗がん剤治療をすると副作用で毛髪がかなり抜けてしまうのですが、顔の産毛なんかも全部抜けるので、肌がつるんつるんでいい感じになるんです。そのすごさと言ったら人生で一番化粧ノリがいいと言えるくらい。こんなに調子がよくなったのなら肌だけはきれいでいようと、入院中にせっせとパックをしていました。シンプルな無地のものではなく、ちびまる子ちゃん、ドラえもん、キン肉マン、大仏などの絵が全面に描かれているパックをしていたので、途中で入ってきた看護師さんがびっくり。パックは入院中に仲良くなった方にも、プレゼントしていました。

入院中は身だしなみに無頓着になりそうな気がしますが、先生が朝、回診に来るので、案外皆さんちゃんとしています。それどころか、今まで家でご主人と2人だけの生活をしていた専業主婦の方などは、入院したことで久しぶりに外の世界に触れて美容へのスイッチがオンに。退院後にダイエットをしたそうで、待合室で会ったら「あれ、きれいになったね？」みたいなこともありました。

もともと私もパックなんて全然興味がなく、顔のお手入れはお風呂上がりに乳液の入ったオールインワンタイプの化粧水をガーッと塗るだけ。でも、きれいになっていく人を間近で見たことで、手をかければきれいになるんだな、意識が大事なんだなと刺激になり、手っ取り早いパックからスタートすることに。

パックは退院してもう何年もたつのに、日々の習慣にしています。冬は寒いので頻度は減りますが、春夏は冷たいパックを顔にはると気持ちがいいので、3日に1回はしています。洗濯物を干しながらパックをすると、日焼け防止にもなって一石二鳥。白の無地のパックだと、まるで犬神家の一族のスケキヨみたいですが、ベランダなので近くから見られることもないからいいかなと。

さらに、どうせなら全身すべすべ、つるつるにしておきたいと思い、ボディケアもするようになりました。乳房を全摘出すると、処方されたクリームでマッサージをしなくてはならないのですが、それを機に保湿が気になり、習慣化しました。今はドラッグストアで買った香りの違うボディクリームを、その日の気分によって使い分けています。

また、病院にいると、いつどのタイミングで靴を脱いで足の裏を見られるかわかりません。同じことを気にする人が多いのか、病院の売店には履くだけで角質ケアができる「かかとちゃん」という靴下が売っていました。これが優れもので履いて寝るとつるつるに。現在も、かかとケアは引き続きしています。

病気になると失うものも大きいけれど、必ず得られるものがある。自分含めて女の人って、たくましいですよね！

夫のパンツをはいています

すみません。さっき女子力が上がったと言っておきながら、実は最近、夫のパンツをはいています（笑）。突然なんのこっちゃという感じかもしれませんが、夫のボクサータイプのパンツは、冷え対策にバッチリのアイテムなんです。

「冷えは万病のもと」と言いますが、私もずっと冷え性でした。昔は体温が35度台、なのに冷たいものばかり飲んで、着ぶくれするのもイヤなので、寒くても重ね着していませんでした。さらに「私、冷え性なんです〜〜」という女性には、か弱いアピールがどこか含まれている気がして、冷たい視線を送っていました。そんな風に自分は見られたくなかったんですね。

だけど昔から、おばあちゃんたちが「体をあったかくしなさい」とよく言いますよね。実際に今や、がんは36・5度以上の体には宿りにくいと言われていますから、昔の人の言うことは理にかなっているのだと思います。だから今では、冬はヒートテックのスパッツや毛糸のパンツ、そして家の中でも靴下をきちんと履くようになりました。そして、防寒を重視して大きめのパンツを求めた結果、夫のボクサーパンツに行きついたというわけです（笑）。

夫の下着は私が買っているので、かわいいプリントのものもあって、以前からはいてみたいと思って狙っていました。ある日、はいてみたら、つるつるで気持ちがいいし、下腹も隠れるのでちょうどいい！　毛糸のパンツのような感覚です。がん治療中しばらくは、もしも倒れたときのことを考慮して、「え？だいたひかるがこんなのはいてるの？」と引かれない程度のシンプルな下着を身につけていたのですが、夫のパンツをはいているなんて、大いにドン引かれますね（笑）。

だけど、夫のパンツのおかげもあり、今では体温が36度以上になりました！

体温が1度上がると代謝も免疫力も上がるそうなので、体のためには続けようと思います。夫はイヤかもしれませんが……。

がんになって、「地球ってテーマパーク」と気づいた！

乳がんになって意外だったのは、太らないようにいろいろ指導されることでした。体重が増えると女性ホルモンの数値が上がって、転移や再発がしやすい。それもあって、運動がてら自分の足でよく歩くようになりました。

ｐａｒｔ1でも言いましたが、昔は商店街の中ですらタクシーに乗って移動するほど歩くことが嫌いで、体を動かすことが本当にイヤでした。運動嫌いは昔からで、あるとき休みの日に万歩計をつけてみたら、26歩しか歩いていない日もありました（確実にトイレにしか行っていませんね）。

今ではすっかり心を入れ替えて、2駅くらいは普通に歩きます。もともと夫が散歩好きだったので、結婚してからはたまに一緒に歩いていました。でも、夫は毎回違う道を行っては「こんな建物ができた」、「こんなカフェがある」という発見と刺激を求めた散歩をしたがる。一方、私の目的は「買い物」に行くまでのただの通り道でしかない。目的のために歩くので、何があるかなんてどうでもよく、いつも決まった道を行きたい派でした。だからあるとき、散歩の途中、坂道に出くわして、ようやく上り切ったと思ったらまた坂道で、「どうしてこんな変なことしなきゃいけないの！」と、その道を選んだ夫にブチ切れたことも（笑）。

それほど歩くのがイヤだった私ですが、がんになってからは、夫と同じ目線で歩くのが楽しくなりました。入院中に足腰が弱くなってトイレに行くにも一苦労だったときに、もう自分の足で歩けなくなってしまうという恐怖を抱きました。だから、退院してヒールの靴を捨てて、スニーカー生活へとチェンジしたんです。

その苦しかったときの思い出を考えると、ちょっと大げさに聞こえるかもしれませんが、今、自分の足で大地を踏みしめられることが嬉しいんです。目の前に広がる光景にも意味があって、この景色は二度と見ることができないかもしれない、今を目に焼き付けようと思うようになったんです。そして、新しい発見に出くわすたびに、「地球って、テーマパークなんだ！」と胸が躍るようになりました。1メーターの距離ですら歩くのが嫌だった人間が、こうも変わるものなんですね（笑）。

歩くのに慣れるまでは、自転車にもよく乗っていました。自転車に乗るのは高校生以来でしたが、退院後に自分用の自転車を買って、夫と2人で都内の道をブイブイ走らせていました。

自転車に慣れてきた頃、埼玉県の浦和まで行きました。目的は、病院の近くにあるエビワンタン麺がおいしいと評判の中華料理屋さん。主治医の先生が東京から転勤になって、浦和の病院に抗がん剤治療に通っていたんです。いつもその中華料理店は行列ができていて、ずっと気になる存在でした。まさかその2年後、片道2時間半かけて、自転車で行くとは、自分でもびっくりです（笑）。ジープの自転車だったのでいくらママチャリではないとはいえ、さすがに都内から素人が走らせる距離じゃない。だけど苦労したぶん、もともとおいしいと評判のラーメンと餃子がめちゃくちゃおいしく感じられました。

帰り道は、私たちの隣を埼玉ナンバーの車がビュンビュン通り過ぎていくのを横目に見ながら、「ここにいるどの車より、私たちがいちばん遠くまで帰るんだろうね」と2人で痛くなったお尻をさすったいい思い出です。

歩けるという普通のことが楽しい。なんの変哲もなさそうに見える光景が輝いて見える。なんか乳がんになって、人間として成長した気がします。

料理のレパートリーは少なくていい

「だいたさんって不思議。レパートリーが7つしかないなんて」

ブログに料理の写真を上げると、こんな嫌味なメッセージが送られてきます(笑)。確かに私の料理のレパートリーは多くないので、「7つもあるかな⁉ 4つです」と返しています。でも、毎日のご飯にレパートリーってそんなに必要でしょうか?

新婚のときは、仕事が終わって疲れて帰ってくる夫のテンションが上がるものを作ってあげたいと思い、料理本を見て手の込んだものをいろいろと作っていました。だけど、ちょっとおしゃれな料理を出したときに、夫は食べなれてないからか、箸の進みが悪かったり、少し残したりしてあからさまに乗り気じゃないことに気づいたんです。一方、焼きそばとかステーキとかをドーンと出すと、夫の食いつきが全然違う。仕事を頑張って帰ってくる夫には、どうせなら彼が喜ぶものを作ってあげたい。そうして、次第にレパートリーが決まっていったのです。

女の人はおいしいものをちょこちょこ幕の内弁当のような感じで食べるのが好きかもしれないけど、男の人って、ただ肉を焼いただけのものとかを案外好むじゃないですか。結局、私が素敵な生活を目指しておしゃれなものを作ってみたところで、夫は喜ばないどころか無理してしまう。いわば、こちらがすべったのに、その尻ぬぐいをさせることになるんですよね。所詮、女の人と男の人の好きなものは違うし、私と夫の好きなものは違う。以来、私の「素敵」を押し付けないようにしようと、余計なことはしなくなりました。

そういう意図なので、どうか私のレパートリーがいつまでたっても少ない件については、放っておいてもらえると嬉しいです！

「ないもの」でなく、「あるもの」を数える

がんを宣告されるまでの私は、「どうして私の人生ってこんなにつまらないんだろう」と不平不満ばかり言っていました。それがやがて「どーでもいいですよー」という歌になったわけですが。

何をやっても、パッとしないし、美人じゃないし、運動神経も悪いし、勉強もできないしと、マイナス思考のループにはまっていました。

でも、40歳で乳がんが見つかったとき、この年まで五体満足で自分の好きなことをして生きてこられたのは、ものすごく幸せな人生だったんじゃないかと、

ようやく気づいたんです。親が元気でいてくれて、雨風をしのげる家もあって、ご飯もちゃんと食べられて、普通に生活させてもらっている。これって、けっこういいアイテムが揃っているじゃん！　と。そう思えたら、ようやく前向きに考えられるようになりました。明石家さんまさんが言う通り、「人生は、生きているだけで丸もうけ！」なんですよね。

思えば、それまでの私は、自分に「ないもの」ばかりを数えていました。これが足りない、あれが欲しいと。自分にないものばかりを見ていたら、そんな人生、いつまでたっても満たされないですよね。もちろん、がんになって、失ってしまうものも多々あった。けれど、「あるもの」も実はたくさん持っていると気づいた。そこにフォーカスすることで、自分の中の欲深さが薄まっていき、初めて人生に対して謙虚になれたんです。

そうはいっても、治療中は「どうしてこんなことになってしまったんだろう」という思いが打ち寄せる波のようにやってきて、これまでの行いや生活を後悔しました。でも、体が動けるようになってくると気持ちも立ち直ってくるんでしょうね。やっぱり生きているだけで十分じゃないかと思えるようになったんです。胸もない、髪もなくなったけど、命があるからいいじゃない、と。

本来なら病気にならずに気づきたかったですが、やはり人間ができていないので、大きなきっかけがないとダメだったみたいですね。でも、気づけただけよかったなと、心から思っています。

毎日コツコツの家計簿は3か月で終了

春先の入学シーズンは、文房具売り場がすごく賑わうので、文房具好きにはたまらない、ウキウキの季節です。とはいえ日記と手帳は書くことをやめてしまったので、それに代わる何か新しい文房具を買いたい。そんな不埒な動機で、家計簿を買いました。その名も「やりくり上手さんのウィークリー家計簿」。食パンのイラストがかわいいやつです（やっぱりファンシーなものが好き）。

そして！　4月1日から、生まれて初めて家計簿をつけ始めました。いざ、つけてみると、食費が1か月で10万円越え！　かなりのお金を使っていることに気がついて、自分で自分にドン引きしました。私のイメージとしては、その半分くらいのイメージだったので、さすがに衝撃でした。理由としては、スーパーで安売りのときのまとめ買いと、家にある食材を把握せずに買い物に行っていたこと。いかに金額を意識せず、なんとなく買い物をしていたかがわかりました。

家計簿をつけることで使った金額が可視化されるので、来週は気をつけよう、と意識できる。家計簿のことが頭をよぎると、「これ、欲しい」という自分の欲望もセーブできる。

そんな思いで日々家計簿をつけてきましたが、実は6月にやめました。3か月もたなかったです（笑）。理由としては、使ったお金を計算しても返ってこないから、時間がもったいない。それにやっぱり面倒くさい……。いちばん苦手なことが毎日コツコツということ、私だけでしょうか？

part 3

生きるために、楽しみを残してみた。

テンションの上がる「ガチャガチャ」は3回まで

「かわいい！」と思うものにすぐに飛びついてしまう私。だけど、最近はｐａｒｔ2でも書いたように、私がモノを好きなのは自分のテンションを上げるためだと気づき、今あるものを使おうという意識が芽生えています。とはいえ、以前よりはホイホイ購入してないだけで、「買っていません！」と言いきれないのは私の甘いところですね（苦笑）。

だけど、生活していると、やっぱり何かときめきが欲しいじゃないですか。お金をかけずに楽しめることもあるけれど、小学生のときだって、駄菓子屋さんでお菓子を買うのが一種のエンタメだったように、大人になってもそういった遊びがあってもいいなと思うんです。

そんなにお金はかからないけれど、ワクワク度が高い、ということで私はガチャガチャが大好き。子供がやるイメージがあるかもしれませんが、最近は進化していて、大人用のポーチとか、シュールなフィギュアとかが入っているガチャガチャも増えているんですね。

最近はコロナ禍でそんなに頻繁に行けていませんが、放射線治療をしていた頃は、毎回、病院の帰り道に立ち寄っていました。病院からそんなに遠くない場所に、1フロアに100台くらいのガチャガチャが並んでいるビルがあったんです。頑張ったあとのご褒美と称し、一度につき3回までと決めて、楽しんでいました。

ちなみに、夫も連れてきたら、まんまとドハマり（笑）。しかも夫は欲しいものが出るまでやるタイプでした。それってどうなの？　と思われるかもしれませんが、ギャンブルと違って金額的にはたかがしれていますから、これはよしとしています。

それにしても、私たちってつくづく似た者夫婦ですね。そう思うと、ちょっと反省もしつつ、息抜きしやすいんです。

甘いものは夫婦喧嘩のときに

コージーコーナーのチーズケーキはホールで丸ごと、カステラも一斤全部、柏餅やどら焼きは5個くらい平気で食べてしまうくらい、ものすごく甘党な夫。

そんな夫に比べたら、私の甘いもの摂取量なんて大したことがありません。夫が食べているものをひと口もらうくらいで十分。昔は甘いものがそこそこ好きで、特にクッキーが大好きでしたが、がんになってからはカロリーが高いし、砂糖をたくさん使っているので、スーパーのお菓子売り場はできるだけ通らないようにしています。

今、おやつで食べるのは、コリコリした酢イカやあたりめなど、咀嚼系のものが中心。噛むことががん予防にもなると聞いたので、歯ごたえのあるものにしています。「砂糖は麻薬と同じようなもの」とよく言われますが、食べなくなったら意外と大丈夫でした。

自分でお菓子を作ると、バターや砂糖の多さに引いてしまうので、お菓子作りもほとんどしません。だけど、夫婦喧嘩したときだけは特別にします。「ホットケーキ作ろうよ」「クレープ作ろうよ」と夫に声をかけ、それでもダメなときは、「クレープ作ろうよ」と誘ってみる。この2つは甘いもの好きな夫が特に好きなもので、たいていこれで機嫌が直ります（笑）。あとは、親からたくさんりんごを送ってもらったときに、アップルパイを作ることも。

あるとき、本来天板の大きさくらいあったアップルパイが、翌朝起きたらコースター大になっていたことがあったんです。もちろん犯人は夫。私に1かけ分残して、ひとりで4分の3食べてしまったんです！　おいしかったからとはいえ、さすがにこれにはびっくり。いくら年下とはいえたかが2歳違いで、もう40歳超え。健康のためにも、徐々に減らしてもらわないとな。

キャラクター好きはやめられない、止まらない

ここまで読んでいただいた方は、私がキャラクター好きということが嫌と言うほどわかったはず。このキャラ好きは5歳くらいからで、もう足かけ40年以上！　サンリオのパティ&ジミーに始まり、キキララ（リトルツインスターズ）やハローキティにマイメロディ。中学生になるとスヌーピーやミッキーマウス、セサミストリートなんかにはまった時期も。今でいう「これを推す！」みたいなものはなく、どのキャラも好きで一貫性がないんです。メジャーなものだけでなく、アフロ犬や、すしあざらしといったちょっとマイナーなキャラクター

も好きで、部屋の中はキャラもののぬいぐるみやグッズで埋め尽くされている。ほとんど映画『トイ・ストーリー』のような状態でした。

　別にぬいぐるみとおしゃべりしていたわけではなく、ようはキャラ集めが趣味だったんです。それ以外に夢中になることや、興味を引かれるものがなかっただけ。自分のお小遣いの範囲内でやりくりしている分には、母も何も咎めなかったので、増える一方でした。ちなみに母も、カエルグッズを集めるのが大好きなので、〝蛙の子は蛙〟と思って、見逃してくれていたのかもしれません。

　いまだにあらゆるキャラが好きなので、夫からは「好きなキャラクターを絞ってほしい」と言われたこともありました。夫としては、記念日の際に私がいちばん好きなキャラクターのメッセージカードを添えたいそうなんです。でも、ひとつに絞るのは私にとってかなりの苦行。思わず「そんな酷なこと言わないで……」と答えてしまいました。

　そんなキャラ好きな私にとって、「ファッションセンターしまむら」は天国！　けろけろけろっぴ、ハンギョドン、Ｄｒ．スランプアラレちゃん……、懐かしいキャラクターもののかわいい靴下があって、安くて買いやすいので、つい手を出してしまいます。そんなふうに買い集めていたら靴下は履いていないものも含めて全部で50足も！　そろそろ整理しなければ……。と言いつつ、またかわいいキャラものがあったら、買ってしまう予感があります（苦笑）。

ちなみに夫の靴下は、あるとき全部、無印良品の黒色のものに統一しました。洗濯するたびにトランプの神経衰弱みたいに左右同じ柄を合わせるのが面倒くさかったので同じにしてみたら、無駄な時間と手間がなくなって、ものすごくラクに。もちろん夫の許可は得ていますが、「捨てる」って他人のものだと容赦なくできちゃうんですよね。自分のものも合理的に考えられたらいいのになあ。

実用性とワクワクをくれる、100円ショップでの買い物

キャラ好きな私にとって、100円ショップもまさに、近所にあるディズニーランドみたいな場所。ダイソー、キャンドゥ、セリアを見つけると、つい吸い込まれてしまいます。どこも「えっ、これが100円？」「こんなものまで100円であるの？」と驚くような品揃えで、続々と新商品が出るわ、同じ商品でもどんどんバージョンアップされるわで、その商品開発力、企業努力に感動と驚きを覚えます。見るだけでも楽しいので、お目当てのものがなくても、何か目新しいものはないかなと、ちょくちょくチェックしに行ってしまいます。

最近はコロナ禍のため月2回程度、お腹の子供の診察を受けに行った病院帰りに立ち寄るくらいのペース。店内を一巡して、気になる収納グッズや台所グッズがあれば試しに1個買ってみる。家に帰る前に〝患者〟から〝主婦〟にモードを切り替えられる、スイッチングポイントのような場所でもあります。

１００円ショップで使っているアイテムはたくさんあるのですが、くるぶし丈の靴下を履く人には「ソックスハンガー」がすっごくオススメ！　いわゆるスニーカーソックスと同じ形をしていて、上部がひっかけられるようになっているアイテムで、洗濯したあとすっぽりはめて干せるだけでなく、薄いから乾いたあとはそのまま収納できるすぐれもの。

「シューズハンガー」も便利ですね。夫が何足も白いスニーカーを持っているので、このハンガーに出会うまでは洗ったあと、ただベランダに置いて干しておくしかなかったんです。でも、乾きにムラがあって、完全に乾くまでに結構手こずってしまう。この靴専用のハンガーは物干し竿に引っかけられるので通気性がよく、以前よりも短い時間でカラッと気持ちよく乾かせるんです。ハンガーの下に同じハンガーを連結できて同時に何足も干せるので、場所を取らないところも素晴らしい。

台所用品でいえば、「キャッチフック」もオススメです。台紙をはがしてシンクに貼り、そこにスポンジをワンタッチでくっつけておけるというアイテム。場所もとらないし、水はけもよくお気に入りです。ストッキング状の水切りネット、磁石がつく場所にくっつけてお玉などをひっかけ収納できる「ネオジムマグネットフック」もありがたいアイテムです。

ほかにも、冷蔵庫にからしやわさびなどのチューブを入れるミニポケット、ほこりがたまりやすい所に貼って、汚れてきたら貼り替えるだけのカビ汚れ防止マスキングテープ、外出先で出たゴミを持ち帰る際のかわいいポリ袋など、助けられているグッズがいっぱい。実用性とワクワクをくれる100円ショップへの愛は、この先も止まりそうにありません！

夫の植物愛が伝染して“丁寧で美しい生活”に近づいた

子供の頃、実家の庭には絶対に近寄りませんでした。父がサツキを育てていたのですが、花弁にナメクジがついているんですよ。虫が好きじゃないので、もれなく虫がついてくる植物にも愛着がわきませんでした。

だけど、夫は自身のブログで毎日その日の誕生花と花言葉をアップしているくらい植物愛の強い人。観葉植物も大好きで、「家の中を植物でいっぱいにしたい！」という思いから、今は大きいものと小さいもの合わせて6鉢くらい家に置いてあります。天然の空気清浄機になってくれそうだし、緑があると気持ちも和むので、昔よりは植物をかわいいと思えるようになりました。

さらに最近は、自分でも何か植物を育ててみたくなって、すごく簡単にたくさんできるというシソの栽培キットを購入。だけど、夫といっしょに種を蒔いてみたものの、本来なら10～14日で芽が生え出すそうなのに、なぜかうんともすんとも言わない。追加で種を蒔いてみたけれど、こちらもひと月経ってもまったくダメ。一向に芽が出てこない鉢を見つめる夫の背中からは、哀愁がぷんぷん漂っていました。

そんなある日、夫が緑色のTシャツを着て、頭に緑色のアイスノンを巻きつけて、青汁をかき混ぜていたんです。「いったい何を目指しているの？」と聞くと、「シソの気持ちを理解したい」と……。謎すぎます(笑)。でも、その願いが通じたのか、シソが芽を出したわけではないのですが、ちょうど母から「今、朝採れ野菜とシソを送ったよ」とメールがきました。タイミング良すぎですね。

父が定年後に実家で家庭菜園を始めたので、そこで採れた野菜をよく送ってきてくれるんです。新しい野菜を作るのが楽しいようで、この間はロマネスコが送られてきてびっくり。スーパーでロマネスコを見たときは、「ドラゴンボール」のキャラクターの頭みたいで気色悪いと思っていましたが、父が作ったものを食べてみたらおいしくて、急に愛しくなりました。そう思うと、自分で育てたシソができたときには大変なことになりそうですね。特に私よりも夫のほうが（笑）。

ちなみに、植物好きの夫はよく花も買ってきてくれます。ただし、うちには花瓶がありません。花を飾るときは、使ってない麦茶用のピッチャーに活けて、そのまわりを花束の包み紙でラッピングして飾る。または、六分目くらい水を入れたペットボトルを横に置き、そこに穴をあけて花を活けています。ペットボトルは見えないようにファッションブランドの紙袋にセット。すべて植物愛の強い夫のアイデアです。

花があるだけで気分が華やぐのに加えて、飾り方でもひと工夫してさらに楽しむのが我が家流。いや、夫流。夫のおかげで花を愛でる生活ができて、憧れの〝丁寧で美しい暮らし〟に一歩だけ近づけました。

誕生日や記念日は心のこもったプレゼントを

私達夫婦は私の誕生日に入籍したので、毎年誕生日は結婚記念日でもあります。お祝いが重なることもあり、なかなかきちんとお祝いしています。特に夫はマメな性格。さらにイベント好きなため、結婚記念日に限らず、クリスマスやホワイトデーなどもしっかり演出してくれます。

去年は夫が、「何でも買える券」を自分で作り、巨大リラックマのケーキと一緒にプレゼントしてくれました。ケーキは3週間前からスイーツ屋さんと相談して準備していたそうで、「大丈夫」と「これからもよろしく」のメッセージ付きでした。夫は筆まめなので、私がその時期にいちばんハマってそうなキャラクターのメッセージカードを用意し、ひとこと書いてくれます。私の良いところを10個挙げるなど、口ではなかなか言えないことも。これは素直に心から嬉しいです。ちなみに2021年の5月25日は8年目の結婚記念日で、私も夫に向けて感謝の気持ちを書きました。

夫の誕生日のときは、私も腕を振るいます。こう言うと、きっとご馳走を作ると思われるでしょうが、手にするのは包丁ではなく彫刻刀。ケーキの代わりに、「スイカ彫刻」をプレゼントするんです。4年前に果物をいろんな形に変えるカービングをやってみたところ、夫がめちゃくちゃ喜んでくれて、以来、恒例のプレゼントに。スイカをかごの形にして取っ手のところにリボンをつけたものや、夫が子供の頃から好きなサメの形に彫りました。

正直、朝からネットを見ながら彫刻刀片手にスイカと格闘しているので、かなり手間がかかります。だけど、ぱっくり口を開けたサメ型のスイカを見た夫が「かっこいい！　これ全部俺の？」と目を輝かせながらベタに喜んでくれると、こちらも嬉しい気持ちに。

ただ一点、申し訳ないなと思うのが、私からは夫にメッセージカードをあんまり渡してないこと。文房具が好きでカード類もたくさんあるのにと突っ込まれそうですが、スイカに時間がかかるんですよね。前の日から準備しておけばと言われればその通りなのですが……。たまにもらえるほうがレアだろ、なんて都合のいい考え方をしています（笑）。

確実な情報はSNSより雑誌に限る

インスタグラムには、素敵な写真がたくさんあふれていますよね。今やインスタグラマーの方たちがおすすめアイテムを紹介することも珍しくなくなりましたが、大体どれもシーツの上に商品を置いた写真ばかり。それを見ると、「ああ、これ思いっきりシーツを引っ張ってシワをのばして、一生懸命光を引き寄せながら撮影しているよね。すかした写真だな」と思ってしまうのは、私だけでしょうか？（笑）。

仮にちょっとこの商品気になるな、と思っても、肝心などこでいくらで売っているかが書かれてなくて、私が見る限りでは自分の素敵アピールで終わっていることが多い。ネットショッピングをしない私からすれば、おしゃれな写真よりも情報が欲しいわけです。そういう面からすると、雑誌はその情報がきちんと載っていて、すごく親切だなと。情報としての確実性が高いので、信頼して活用しています。

それにコロナ禍になってからは外出もままならないので、雑誌で洋服を見ていると、ウィンドウショッピング気分に浸れるのもいいところ。かわいいもの好きな私にとって、付録の存在も嬉しいポイントですね。「こんな収納方法があるんだ～」とか、「〝貼るタイプ〞のお灸欲しい！」と思って買いに行くなど、日常に役立てています。

生きるために、未来を欲してみた。

芸人になったのは、本音を言ったらウケたから

芸人さんは、昔からみんなを笑わせるような存在だったとか、みんなの人気者だったという人が多いですが、私はそれとは真逆の人生を送ってきました。

実は私、幼稚園のとき、「トイレはどこ?」と先生に聞けなくて、膀胱炎になったことがあるんです。それくらい自分から人に話しかけることができない子供でした。

人が話しかけてくれたらそれに応じることはできるけれど、自分から、なんて話しかけたらいいのかがわからない。友達もいなくて、いつもひとりでした。

親からすれば、いつも淡々としていて、手間のかからない子供だったそうです。おそらくまだ人間としての自覚がなかったのでしょうね。楽しいとか、寂しいという実感があまりなく、泣いたり怒ったりといった感情の起伏もない。何事もどこか一歩引いて見ていてすごく冷めていました。

小学校に入ってからもそんな感じでしたが、父の仕事の都合で転校を何度か経験すると、どこに行っても受け入れてもらえない。そこでようやく、もう少しテンションを上げていかないとダメなんだとわかり、少しずつ感情を出していくようになりました。中学生になると友達もできて、高校では嫌な思いもしたけど恋も経験。ようやく人並みの生活を送っていたわけですが、いざ進路に直面すると、再び自分が何をしたらいいのかが、わからなくなりました。

これまでに自分から何かをやりたいと思ったことがなかったんです。中学では水泳部に入っていましたが、それも先輩に勧められて本当は泳げないのに断り切れずに入部する羽目に。すごく美少女だったり、すごく足が速かったり、人より何か抜きんでたものがあれば、夢や希望の持ちようもあるでしょうが、私は全部普通、全部中途半端。そんな人生だったから、いったい自分は何ができるのか、何をしたいのかがわからず、進路面談では「できれば遊んで暮らしたい」と言ったら、先生に呆れられました（笑）。

そんなある日、友達に「ひかるちゃんは手先が器用だから、美容師さんになればいいい」と言われたんです。確かに学校にはよくヘアアレンジして行っていて髪をいじるのは好きだったので、それもありかなと。そうして高校を卒業して美容師を目指しました。

無事に美容師になれたものの、美容師4年目のときに指を怪我してしまい、全治3か月で仕事を休むことに。突然の休暇に入ったわけですが、美容師になったことで友達とは生活サイクルが合わずにすでに疎遠になっていたので、暇でしょうがない。新たに友達が欲しくなり、習い事でもしようかとカルチャーセンターの見学に行ったんです。そして当日、見学ができると言われたのが、「お花」「お琴」「お笑い」でした。その中だったら、お笑いがいちばん友達ができそうかなと思い、一日体験することにしたんです。

いざ行ってみると、自己紹介がてら何かやってみてと、先生から言われました。人前で何かをしたことなどありません。だけど、なんとなく出がけに見ていたワイドショーのことを思い出し、「みんながどう思っているかはわからないけど、デーブ・スペクターさんがいつもお風呂上がりに見えるのは私だけでしょうか？」と言ってみたら、そこにいる人たちがすごく笑ってくれたんです。自分が思っている何気ないことを口にしたら、みんなにウケた。こんなこと生まれて初めてで、すごく嬉しかったのを今でも覚えています。

そのカルチャー講座で前の席に座っていた女の子に誘われ、オーディションを受けて最初の事務所に入りました。初めてのライブに出たら、フジテレビの深夜番組『ブレイクもの！』のプロデューサーの方が見に来ていて、若手芸人がネタを競うコーナーに出ることが決定。そこで「本物のパンダはうす汚い」とか、「防災頭巾で助かると思えない」とか、「ひじきを見ると消しゴムのカスを思い出す」とか言っていたら、あれよあれよという間に5週勝ち抜き、いつの間にかチャンピオンになっていたんです。

それまでお笑い番組をテレビで見たことがなかったので、小さい頃から自分が思っていたことをただ口にしただけで、それもたった1分なのに賞金が出る世界があることに驚きました。そして、フジテレビの他の番組『ボキャブラ天国』からも声をかけられ、出演するようになりました。実はこの一連の流れ、美容師を怪我で休んでいる間に起きたこと。ようは、指が治るよりも芸人の道のほうが早く進んでしまったというわけです。この頃、すでに美容師としての目標はなくなっていて、こっちの道に進んだほうが楽しそうだなと思い、あれこれ考えずに飛び込みました。

この先どうなるかわからなかったので、両親には伝えるタイミングを迷っていました。『R－1グランプリ』（フジテレビ系）に出演したときもまだひそかに活動していて、はじめてゴールデンタイムの『エンタの神様』（日テレ系）に出ることが決まったときに、ようやく母に「テレビ見てね」とメールで伝えたんです。どんな反応が返ってくるかなとドキドキしていたら、「化粧がノッてたよ！」と思いがけない一言（笑）。晴れて、両親公認となったわけです。

私は芸人になって初めて、周囲から「引き芸」と言われ、自分のテンションが低いことを知りました。賑やかな芸風の方が多い中で、コミュニケーションの違いに戸惑うこともありましたが、もともと無理ができないタイプ。これが自分なんだ、と思ってブレずに走ってきました。

でも、2009年、34歳のときに帯状疱疹の影響で顔面神経麻痺になると、うまく話せなくなり、治療に専念することに。そして気分転換で訪れた本のイベントで、文房具関係者の方と出会い、12年に文房具のイベントを立ち上げました。このことをきっかけに、「あ、こっちの世界も楽しそうだな」と思い、芸人の仕事以外に文房具の仕事も増やしていくようになり、そして13年に行われた文房具のイベントで出会った夫と再婚するわけです。

振り返ると、芸人になるときも、文房具の道に進むときも、なんなら夫と結婚するときも、めちゃくちゃ短い間に決断しているんですよね。「楽しそう」と思った方向にパパッと行けるのは、私の強みかもしれません。服1枚捨てるのにあんなに悩むくせに、人生の進路変更はものすごく早いとは、笑っちゃいますね。

この先も何が起こるかわからない人生だけど、楽しそうな風の吹く場所へ進んでいきたいと思います。

反発も悲しみもがんも、すべて受け止めてくれた母

今でこそ母と毎日電話するほど仲良しですが、昔はそうでもなかったんです。若い頃は母から「感謝しなさい」とよく言われるたびに、「うるさいなー」と思っていました。素直になれない理由のひとつに、同じ親から生まれたにもかかわらず、兄は美形の父にそっくりで、運動神経もよくて頭もいい。それに対し、私は母に似て、運動神経も普通で勉強もできない。どうしてこうも違うのか、というコンプレックスがあったからです

小さい頃は母に、「どうしてパパに似せて産んでくれなかったの？」とダダ

をこねたり、頻繁に反発したりしていました。父は仕事人間で母がひとりで子育てをしていたので、文句はすべて母にぶつけていたんですね。ただ、母は肝っ玉が据わった人で、子供の学校の成績が悪くても「勉強しろ」とは言わず、「蛙の子は蛙だね」とあっけらかんと笑い飛ばしていました。母と喧嘩をして腹を立てた私が台所に細かくちぎったちらしをばらまいておいたときも、すぐに私のベッドの上に同じものを仕返しされました（笑）。兄が家の壁を蹴って穴を開けたときは、「どういう気持ちで蹴ったのか知りたい」と、母も同じように壁を蹴って、「スッとした」と言っていました（笑）。

いつも同じ目線で、子供の気持ちに寄り添おうとしてくれた母。自分がどんなひどいことを言ったとしても、変わらずご飯を作ってくれ、世の中全員が敵になったとしても、母だけは味方でいてくれる応援団長のような存在です。今ならそのありがたさがよくわかりますが、当時は親の心子知らずで全然その優しさに気づけませんでした。だけど高校生のとき、そのことがようやくわかったんです。

ある日、私が恋人と別れて落ち込んでいると、仲良くしていた女友達2人組が慰めてくれました。だけど実は、その2人は私が別れたばかりの恋人とつながっていて、3人で仲良く私のことを笑っていたことが発覚。恋人と別れたショックに加え、友達2人に陰で裏切られていたことがわかり、とてつもないショックを受けました。ご飯ものどを通らず、ずっと泣きっぱなしで、学校も1週間くらい休んでいたところ、母がいきなり部屋に入ってきて、怒鳴り出したんです。

「プライドがあるならいつまでもめそめそ泣いてるんじゃない！」と。

こんなときまでうるさいなと思って顔を上げると、なんと母は私以上に大号泣。そのとき、「ああ、親だけは信用できるな」と思い、以来、母には何でも話すようになりました。

母の顔のつくりは私とほとんど同じで、体は80キロあって大きくまるまるまるとしている人。気持ちも大きくて、「開き直れないやつはデブになるな」と笑っています。母と話すと「なんとかなるさ」と思わせてくれる。がんになったときも、「今はがんになっても大丈夫だから」と、強く励ましてくれました。そして、がんになってようやく、親の言っていた「人に感謝する」ということを心の底から納得できたんです。五体満足で産んでもらって、40歳まで元気で好きな仕事をさせてもらった、こんな幸せなことはないと。

両親やまわりの人に感謝しつつ、私も家族にとって、母のような存在になれたらいいなと、思っています。

「迷惑をかけられたい」と言ってくれた夫

1度目の結婚が約1年で終わったこともあり、自分は結婚には向いていないのかなと思っていました。お祝いしてくれた周囲の人たちに恩を仇で返すことになって、安易に結婚しすぎたかなと反省。これから先はひとりで生きていこう、自分の好きなことをやっていこうと思っていたとき、するするっと今の夫が現れました。

出会いは12年、自分が好きな文房具を自慢し合うイベントにて。文房具好きの私が司会で、アートディレクターの彼は自分がデザインした手帳のプレゼンをしに参加していました。イベントのなかで「だいたひかる賞」というコーナーのじゃんけん大会があり、彼が勝ち上がってきたんです。イベント後に話が盛り上がり、今度一緒にご飯を食べようとなったんですが、夫は今でこそちょっと太ってしまったものの、当時はシュッとしたイケメン。「大丈夫かな？」と少し不安に思ったけれど、周りの人が「純粋で仕事が丁寧な人」と彼のことを評価していたので、だったら平気かなと思って行くことにしたんです。

だけど、最初のデートでご飯を食べに行ったとき、8時間くらい話がずーっと終わらない。あまりに長いので、「ああ、これはテレビ番組のドッキリに違いない」と思ったんです。きっと、私が2歳年下のイケメンとご飯を食べると聞きつけた番組がこの様子を面白がって映しているんだろう。だけど、撮れ高が悪いから、時間がかかっているんだなと。そう真剣に考えた私は、夫がお手洗いに立つたびに、この個室のどこにカメラとマイクが仕込まれているのかと、真剣に探しまわっていました（笑）。もちろん、それは単なる私の勘違いで、夫としては自分のことをわかってほしくて、話を続けていたそうです。私はというと、ドッキリを仕掛けられていると思いつつも、私を芸人扱いしないところや、すごく真面目で誠実な人となりにこちらも好感を抱きました。
そして、3度目のデートにして「結婚しよう」と言われたんです。あまりに早すぎて、今度は結婚詐欺かと疑いました（笑）。でも、彼はコンビニでレターセットを買って、私の両親に結婚の意思を伝える手紙を書くと言い出し、真剣にペンを走らせている。その姿を見たら、これはもう本気だなとわかりました。

信頼できる人だと確信する反面、知り合ってまだ間もないので、正直怖さもありました。そこで「私は珍しい職業だし、迷惑をかけるかもしれない」と率直に話したら、夫は「だったら迷惑かけられたい」と答えたんです。そこまで言ってくれる人はなかなかいません。うん、この人と新たな人生を踏み出してみようと思って、付き合って半年で入籍しました。

その後、乳がんになってしまい、実際に迷惑も心配もたくさんかけてしまったわけですが、夫からは一度も文句を言われたことがありません。むしろ、がんになったときは、今までに見たことのない男らしさを見せてくれました。胸を切除するときは「ひかるちゃんはひかるちゃんだから」と言ってくれたり、抗がん剤治療で爪が黒くなったときには明るいマニキュアを塗ってくれたり、入院中は毎日お見舞いに来てくれたり。初めて抗がん剤治療をしたときは血圧が下がって起き上がれなかった私に、まるでボクサーのセコンドのように「ひかるちゃん、これまでもっと辛いことがあっただろ？　まだまだ頑張れるだろ」と、ちょっとウザい応援をしてくれたこともありました（笑）。

がんになって、夫の人間的な大きさ、奥行きの深さ、真面目さ、転んでも諦めない前向きさをしみじみ感じました。自分がバツイチなうえに、彼とは同棲もしないで結婚したから、一緒に生活したらどんな風になるのだろうと、不安に思わなかったといえばウソになります。だけど、いざというときはこんなに頼りになるなんて。私は一度結婚に失敗して、結婚には向いてないと思っていたけど、神様が男を見る目だけは残してくれたのかもしれません（笑）。

これからも、夫と一緒に笑って生きていけますように。そう心から願っています。

「死んでもいいからやってみたい」不妊治療へのチャレンジ

子供については、20代の頃はいずれ欲しいなとか、いつか自然にできればいいなとか、それくらいの軽い気持ちだったんです。だけど、夫と結婚したのが38歳。妊娠するチャンスは1年で12回しかないし、35歳を過ぎると妊娠率が下がると知って、もう崖っぷちじゃないかと焦りました。

ちょうどその頃、卵子の老化が話題になっていたこともあって、私の卵子の状態を診てもらうために産婦人科へ。そして、タイミング療法で2度自然妊娠するも、残念ながら2度とも化学流産をしてしまいました。その後すぐに大学病院に移って人工授精をスタート。体外受精までしたものの、結果的にはうまくいかず、体外受精・顕微授精専門クリニックへ転院。また体外受精から挑戦しました。

しかし、初期胚を子宮に戻す体外受精は、2回とも着床せず。体外受精で結果が出なかったので、顕微授精に切り替えることにしましたが、胚移植を初めてする日の朝、不正出血をしてキャンセルになったんです。そして、たまたま時間が空いたので乳がん検診に行ったところ、乳がんが見つかりました。不妊治療をしていたことが命拾いにつながったわけですが、実は乳がんの治療と不妊治療は真逆のアプローチ。私はそんなことはつゆ知らず、がんを治療してくれる先生に「不妊治療はやめたほうがいいんですか？」と呑気に聞いていました。

当然、不妊治療はそこで強制終了。治療期間は2年半ほどでしたが、かかった費用はおそらく1千万円近かったと思います。今まで何に対しても一生懸命になれなかった私がいちばん頑張ったのが不妊治療でしたから、未練しかありませんでした。しかし、命あってのことなので、乳がん治療を優先することにしました。

実は手術前に、採卵だけはできると乳がんの主治医に告げられたのですが、私は夫に「もういい」と言ったんです。だけど、夫から「後悔しないために採卵したほうがいい」と言われてやはりすることに。でも結局、卵子は採れずじまいで、もう体が限界で無理なんだと思いました。そして、不正出血のために胚移植できなかった受精卵をたった一つ残し、乳がんの治療に入ることにしたのです。

でも、その後も毎年、凍結した受精卵を更新するか、破棄するか、クリニックから連絡がくるんですね。もともと破棄する気はありませんでしたが、術後、片づけをしている最中に夫の小さい頃の写真が出てきて、それを見ると本当にかわいい。もし、環境が整うのであればもう一度チャレンジしたい。できなければ私は一生後悔するかもしれない、そんな思いがふつふつと浮かびあがってきました。

しかし、19年にがんが再発し、子供への思いはまた中断。それでもどうしても諦められなかった。そこで、20年に遺伝子検査を行うことにしました。遺伝性だったら残っている胸も卵巣も、予防のために摘出手術しようと思ったんです。その結果、遺伝性ではないことがわかり、まだ卵巣は残せることから不妊治療を復活したくなりました。その気持ちを夫に伝えると、「ひかるちゃんがそう考えるなら全力で応援する。がんから復帰して妊娠した人の最高年齢を目指そう」と言ってくれたんです。

夫婦の気持ちが固まったので、不妊治療の再開について、思い切って先生に相談しました。乳がんの治療をストップすれば、再発や転移のリスクは当然上がる。死んでしまう可能性は当然高まるし、子供が絶対にできる保証もない。反対されることは覚悟していましたが、先生はこう言ってくれたんです。

「たった一度の人生ですからね」と。

そのひと言で、凍結している私たちの受精卵を迎えに行こうと、決心がつきました。

私にとって、たった一つ残してあった受精卵は、まるでドラゴンボールのような存在でした。宝物がそこにあるなら迎えに行きたい。生きているうちに、やっておきたいという気持ち。もちろん、怖いか怖くないかと言われれば、それは怖い。けれど、これまで何にも熱くなれなかった私が、死んでもいいからやってみたいことがあるって、幸せなことだと思ったんです。

そして20年10月から乳がんの治療をストップし、21年5月14日に胚移植をしました。5年越しで、ようやく私たちの卵を迎えに行けたんです。もう二度とこの不妊治療のクリニックに戻ることはないと思っていたので、人生何が起こるかわからないなと、つくづく骨身にしみました。

振り返れば、乳がんが発覚したのが16年1月。その年の2月に右乳房を全摘出し、19年3月に右胸にがんが再発。そして25回の放射線治療を終えたのが5月17日でした。まさにその約2年後のこと。21年5月21日に、3週と5日の妊娠判定が出ました！　受精卵がしがみついて着床してくれたんです。クリニックに戻ってこられることだけでも奇跡だと思ったのに、45歳にして最後の挑戦が実を結んだ！　まさに感無量。生きていてよかったなと、強く思いました。

妊娠がわかると、すぐにブログで妊娠を発表しました。すると、祝福の声もたくさんいただきましたが、普通は安定期に入ってからとか、心拍を確認してから発表したほうがよかったのでは、というようなご意見もいただきました。

きっと途中でダメになる可能性を考えてそう言ってくれたんでしょうね。でもがんになってからというもの、目の前の一日を大切にしたい、その時その時を受け止めたいと思うようになっていた私にとっては、今何が起こっているかが大切だったんです。だから真っ先に公表しました。

幸い今のところ順調に育ってくれていますが、この先、出産までいけるかどうかは誰にもわかりません。でも、お腹に宿った子供もちゃんと生きようとしているし、今この瞬間に起きているその事実が嬉しい。私はどんな子であっても会ってみたいんです。だから、お腹の子供に障害がないかを診断する出生前検査はしないことに決めました。

死んでもいいからやってみたいという母の願いを叶えようと、やってきてくれた子供。

どうか、無事に生まれてきてくれますように。

3人で冒険の船を漕いでいきたい

この本を書いている11月現在、妊娠8か月に入りました。

子供ができて片づけはどうなったかというと、一気にピッチが加速。あんなに持っていたモノに対する執着がなくなり、私の過去のモノより、未来の子供のモノという気持ちになり、あまり迷わず捨てられるようになりました。

出産に対しては、今は子供に会いたいから早く産みたいという気持ちと、子供と一心同体でいられるのは今だけなので、一日でも長く一緒にいたい気持ちが半々です。また、ものすごい確率の中で夫と出会い、こうして子供が生まれることって、本当に奇跡だなと日に日に実感しています。

無事に生まれてきてくれれば、女の子でも男の子でもどちらでもいいと思っています。私は自由に生きてきたので、人に迷惑をかけずに、好きなことを楽しみながら同じように自分らしく生きてくれればいいです。その環境を与えるのが親の役目なので、まずは汚い家だなと思われないように、片づけを頑張らなくてはなりませんね（笑）。

今までは、自分と夫だけの暮らしだったので、自分が中心の人生でしたが、これからの主役は子供。無事に地球に生まれてきてくれたら、私と夫が水先案内人になって、いいところをたくさん見せてあげたいし、いろんな体験をさせてあげたい。家族3人で一つの船に乗って、冒険の旅に出ていくようなイメージです。

夫は舵（かじ）を取る船長で、私は風を読み、「こっちのほうが楽しそうだよ」と船の針路を決める副船長。子供は気楽な乗組員。そうやって3人で楽しいほうへ、楽しいほうへと船を漕いでいけたらいいなと思っています。

子供はできるまでも大変だったけど、育てるのもまさに一大事業。高齢の夫婦の間に生まれてくる子なので、多くは望まず、平凡がいちばん幸せだよと伝えていきたいです。

家族が居心地のいい家を作っていく

今後は、今しか見ることのできない子供の成長の瞬間を見逃したくないので、仕事をセーブしようかと思っています。反発もたくさんした私を育ててくれた母が「人生で一番、子育てが楽しかった」とよく言っていました。だから、子育てを中心とした生活にしたい気持ちが強いんです。

また、どんな風に暮らしていきたいかといえば、「家族みんなが居心地のいい暮らし」を作っていきたいと思っています。それは片づけの面でも精神面でも言えること。家も家庭も、家族にとって心身ともにリラックスできる場所にしたいんです。

この「居心地がいい」というフレーズは、夫が結婚する前に私と一緒にいる時間をさして言ってくれた言葉。身内のことをいうのもなんですが、夫はすごくモテそうだったので、結婚前は彼にこの先裏切られないだろうかという不安がありました。でも、居心地のよさを私に感じてくれているのであれば、もし別の女性に目移りしても、こっちに帰ってくるだろう。だとしたら、うまくやれるかもしれないと思えたんです。

私にとっても、夫は家族以外で初めて、言いたいことが言えた居心地のいい人。実は、人生で初めて両親以外で喧嘩ができた人でもあります。このことは私にとっては大きなことで、これまでのお付き合いでは何か思ってもその場で言い返せずにグッと飲み込んで、しばらくしてから「私はあのとき、あなたのあいうところがイヤだった」と言うことが多かったんです。でも、今の夫にはすぐに言い返せるし、夫もちゃんと本音を言ってくるから、面倒くさくありません。そもそも夫は心が広いので、料理にしても、片づけや掃除にしても、普段から細かいことはグチグチ言わないタイプ。気を遣わなくていいんです。

それなのに以前は、体調がよくない日でも一日中寝ているのが申し訳なくて、夫のために料理をなんとか作ろうとしていました。レトルト食品をストックしていたのは、こういうときにせめて簡単なものだけでも作ってあげたいと思っていたからなんです。だけどある日、夫から言われました。

「ひかるちゃんは家にいてくれるだけでいいんだよ」と。

何もできなくたって、自分を責めなくてもいいんだと、初めて気づきハッとしました。それからは朝起きたときに「今日はダメな日だな」とわかったら、素直に伝えるようにしています。

そしてラクさせてもらっているからこそ、夫にも家でリラックスしてほしいので、こちらからは仕事のことは聞きません。嬉しいことがあれば自分から言ってくるだろうし。きっと居心地のよさって、こんな風に互いのあるがままを認めてさりげなく心のやりとりをすることだと思うからです。

夫と暮らして8年たちますが、私の作った料理を、夫が「おいしい」と言いながら食べてくれると、今だにそれだけで幸せな気持ちになります。改めて彼と一緒になれてよかったなと思うのは、安心感を得られたこと。独身のときは、仕事でイヤなことがあっても、家に帰って一人でお酒を飲んで寝るしかありませんでした。でも今は、イヤなことがあろうがなかろうが、晩ご飯を作って一緒に食べて、話をする。そこで励ましてもらったり、アドバイスをもらったり、フォローしてもらえたり。そんな応援団が自分の一番近くにいてくれるって、ものすごく心強いんです。

彼と一緒じゃなかったら、がんは乗り越えられなかったかもしれません。彼だからこそ子供に対する私の思いも受け止めてもらえた。いつも私をいちばん励まして、楽しませて、やさしく見守ってくれる夫。私も、これからもずっと夫のそばで、つねにいちばんの応援団として生きていきたいし、彼がリラックスできる存在でありたいと思っています。

夫婦の絆を深めるエゴサーチ

夫が冷やし中華が好きだからよく作るのですが、それをブログにアップすると、「バカの一つ覚え」とか「きゅうりの切り方が短い」とか「ハムが均等に切れていない」などなど、たくさんのアンチコメントがきます。そんなのまだかわいいほうで、「死ね」と言われることもありますが、慣れたもので「いずれ」とか、「少々お待ちください」と返しています（笑）。

世の中には何を考えているかわからない人はたくさんいます。でも、そんなことをいちいち気にしていたら、表に出る仕事をするなという話になるから、こんな意見の人もいるんだな～とやり過ごしています。まともに受け止めていたら体がもちませんから。だけど、こういうアンチコメントがかえって、パワーになることもあります。

それは夫婦喧嘩したとき。私は夫と喧嘩をすると、自分の名前を検索する、いわゆるエゴサーチをします。これは皆さんに聞くまでもなく、私だけですね（笑）。なぜわざわざ、心がざわついているときにそんな行動をとるのか。理由は、世の中にはこんなに敵がいるのか、だったら家族くらい味方になって団結しないといけないなと、強く思えるからです。世の中の人がみんな敵でも、夫だけは味方でいてほしい。そうしてお菓子作りを夫に提案して、我が家の喧嘩は平和に終了（笑）。アンチが夫婦喧嘩の仲裁に一役かっております。

おわりに

だいた流の整理術、いや、片づけ録、いや、もはや矛盾だらけの漫談記（笑）、いかがでしたか？　最後までお付き合いいただき、ありがとうございました！

こうやって振り返ると、本当にいろんなことがあった人生でした。特に近年は、16年に乳がんになって、19年に再発。さらに20年には、骨に血液が十分に流れなくなる骨頭壊死（こっとうえし）の診断も受けました。そんな中で踏み切った21年の不妊治療、そして妊娠。ものすごく濃い5年間でした。

絶望を振り切るようにスタートした片づけ生活。改めて最後に思うのは、私は単にモノに付随した楽しい思い出を捨てられなかっただけではない、ということ。もっと突き詰めれば、私が本当に執着していたのは、健康で子供を持つ可能性にもあふれていた、もう戻れない自分だったかもしれないということです。一つ一つのモノにつまった思い出を一つ一つ棚おろししていく作業は、まさにこれまでの自分と向き合う時間でした。

家に連れ帰ってきてしまったけれど生かしきれなかったモノへの罪悪感や、自分の心の穴を埋めるように買ったモノに対する小さな後悔。それから、なぜがんになってしまったのだろう、なぜ子供をもっと早く産めなかったのだろうといった大きな後悔まで。捨てるという行為は、ありとあらゆるダメな自分に直面するとても苦しい作業。だけど、決して心が痛むことばかりでもありませんでした。

若い頃に買った露出の多い服を見て、いったいあの頃の私はどこを目指していたんだろうとおもしろがってみたり、幼い頃から続くキャラクターへのまぎれもない情熱を改めて感じたり、ストックが不要と気づけた自分を一歩前進と思えたり、まだ見ぬ未来を信じて毎日苦しい作業に向き合った自分が誇らしかったり……。自分という人間の〝味〟みたいなものが次々と浮かんできて、なんだか愛おしく感じられました。

捨てると決めて迷いがなくなると、胸がすっとして心が軽くなる。それは過去の自分と訣別する作業だから。ダメな部分を一つ一つ吐き出して、良い所を一つ一つ積み重ねていく。すると、心のモヤが晴れて満たされていく。片づけとはいわば、自分という人間を取り戻す作業なのかもしれませんね。

病気の発見が遅れれば手術が大変になるように、毎日の循環をよくすることが必要なんだと思います。モノがたくさんある家は過呼吸の状態で、ストックや不用品を抱え込んだ家は、息が吐き出せなくて苦しい状態。そうなってからではメスを入れるのが大変だから、たとえ1日1個でも、1日1か所でも、家の中の新陳代謝をよくしておく。大切なのは、吸うこと（入れる）より、吐き出す（使い切る、捨てる）こと。そう思って毎日手を動かしています。いろいろ偉そうに語っていますが、やっていることはただの片づけ。しかも、私の捨てているものなんて、端っこがほつれた布のブックカバーとか、もう使わないチャームやキーホルダーとか、しょぼいものばかりですから（笑）。

とはいえ、何を捨てるかなんてその人にしか決められませんよね。掃除だってどこに重きをおくかは家によって違っていい。私の場合は夫にとって居心地のいい家であってほしいから、夫が出張先や仕事先から徹夜明けで家に帰ってくる際は、玄関から部屋までのストロークと夫がテーブルについたときに見える景色をめちゃくちゃきれいにします。そこだけ輝いていて、まるでモーゼの海割れみたいです（笑）。

昔、母が「見通しがよくなるように」と言いながら、ぬいぐるみの目をぐりぐりと拭いて掃除していました。日々、片づけを実践していくと、家も心も自然と風通しと見通しがよくなって、居心地のいい場所になる。そうするとなんだか、何かいいことや新しいモノが舞い込んでくる予感がしてきませんか。

人生って、ホントに山あり谷ありですよね。ダメなときって、何をやってもとことんダメで、それが一生続くような気がします。でも明けない夜はない。必ず朝はやってくる。だからダメなときこそ、何かよくなりそうなことをして、きっとこの先は上向いていくはずだ！　と信じるしかないと思うんです。

私にとっての〝よくなりそうなこと〟は片づけでした。だけど、その片づけですら、3歩進んで2歩下がる牛歩状態のときも。それでも、えっちらおっちら、「地道が一番の近道」だと信じてやっていくしかないんですよね。

過去は変えられないけれど、未来は自由自在。片づけをすれば、部屋は確実にきれいになる。自分とちゃんと向き合えれば、頭と心がクリアになる。見通しがよくなれば、必ず目の前の道が開いていく。未来には、きっといいことが待っている。そう、今日も信じて——。

２０２１年12月　だいたひかる

アルバム

こんなこと
やってました

買ってよかった！

ハンガー

引っ越しを機に、クローゼットのハンガーはすべて同じものに（クリーニングから戻ってきたものは面倒なので、そのまま）。

靴下収納

P131で紹介した「ソックスハンガー」。洗濯した靴下をひっかけて干し、乾いたら外さずに収納ボックスに。片方だけ迷子にならない。

二毛作できた！

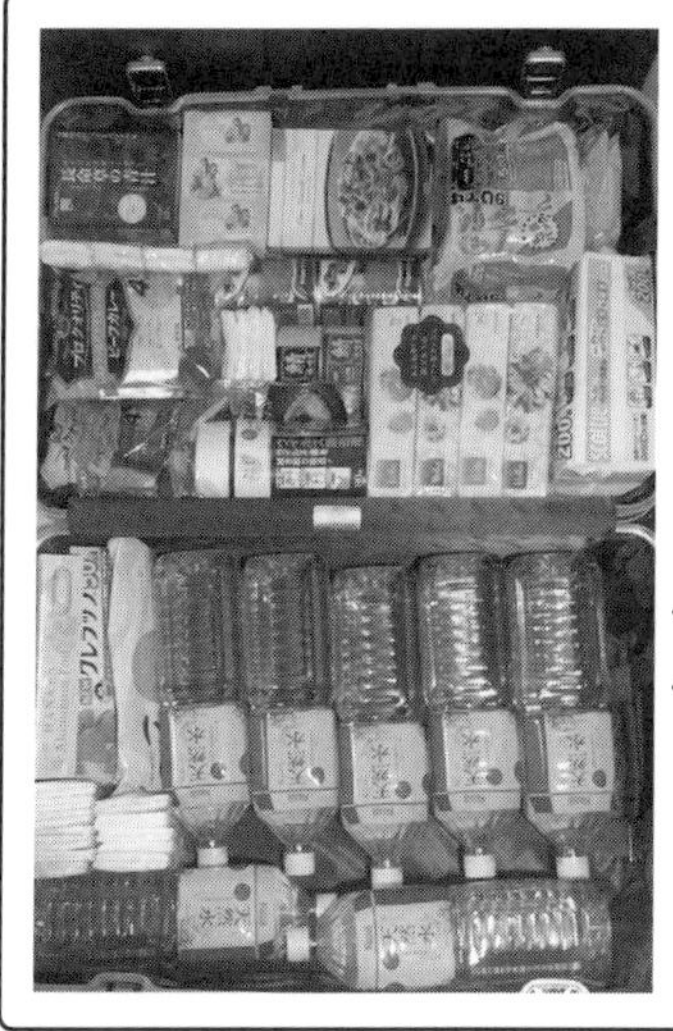

スーツケース

年に数回しか使わないスーツケースは、避難グッズ入れに。水やレトルト食品など、たんまり入れているので重たい……。

桐の箱

お義母さんからいただいた手作りのひな人形。普段しまっておくケースを探していたところ、桐の箱を発見！　ピッタリでした。

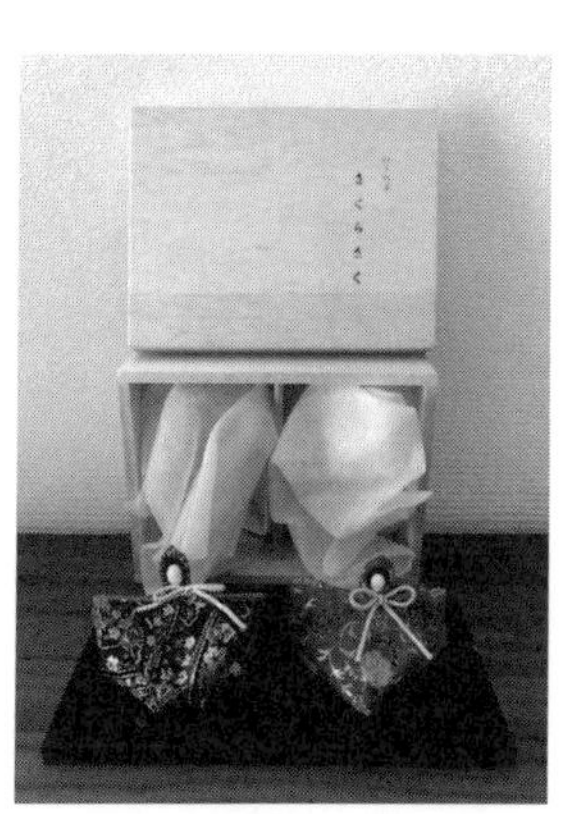

ゴミ箱

かわいくて買ってしまったアルミ缶のゴミ箱。といってもゴミ箱は使わないので、排水口のネット入れとして活用中。

捨ててみた！

紙袋

普段はゴミ箱の代わりにしている紙袋も、枚数が増えてしまったので処分。中身をチェックしないで、思い切って一気に捨てました。

キーホルダー

何十年も前にお土産に買ったり、もらったりしたキーホルダー。もうキーホルダーを付けることがなくなったので、さようなら。

ノート

これ、全部使ってないノート。どれもかわいいんですけどね。レターセットも同じくらい溜め込んでました。友達もいないのに……。

整理してみた！

本

P28で書いたように、本は気に入ったフレーズだけ書き出してとっておく方式に。右から女性作家、男性作家、短歌用のファイル。

手帳

1994年の手帳。美容院に就職して慣れない生活を嘆いていました。2001年の手帳は5冊も発見。相当大変な年だったのかと。

整理しなきゃ……

ハンドメイド

生地を選んでせっせと縫った手作りのカバン。まるでマトリョーシカのようで置いている分にはかわいいけど、使っておらず……。

隠してみた！

甘いもの

無類の甘いもの好きな夫。目につくものならどんどん食べてしまうので、見つからなそうな収納ケースにこっそり隠しました。

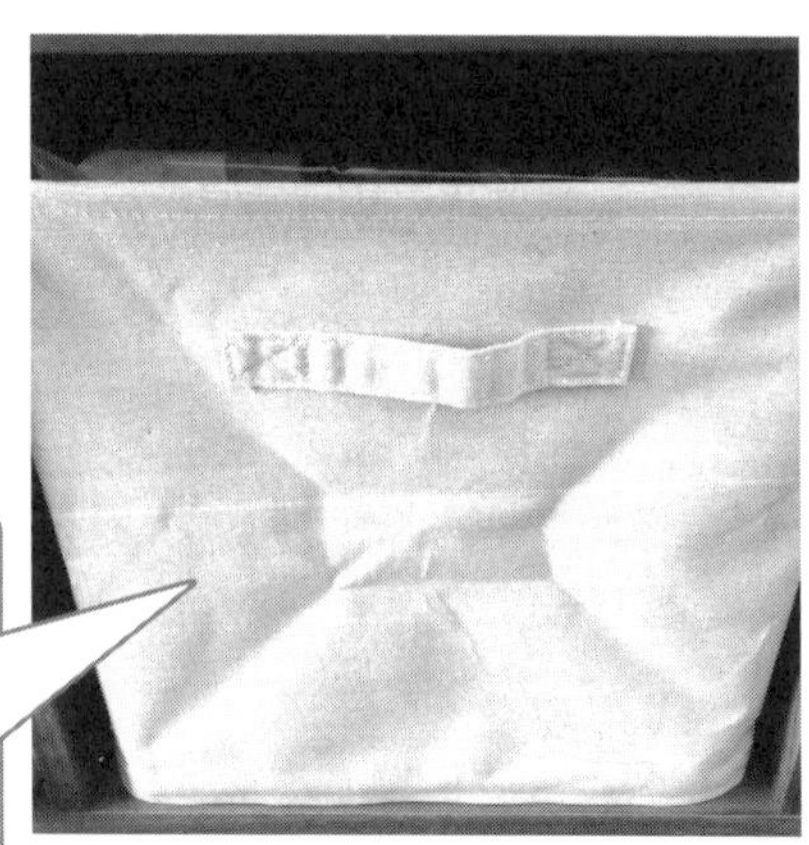

スニーカー

すぐ履けるように、靴箱の下のスペースに靴をずらっと並べていましたが、靴箱の中に入れるように。子供の靴は上部に収納。

チャレンジしてみた！

シソ

なかなか育たなかったシソも、料理に使えるくらいには生長。収穫係はほとんど夫で、この日は鯵にのせてさっぱりと食べました。

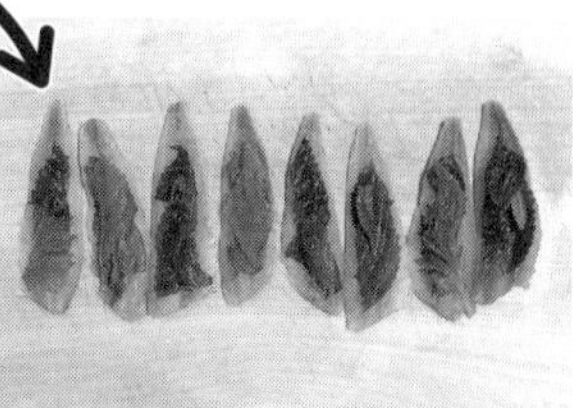

植物

我が家にいる観葉植物たち。毎日、手塩にかけて育てている夫は、元気に色づいている様子を見てはご満悦。植物愛が強い夫です。

泣けてきた！①

思い出ノート

実家から送られてきた手帳やノート類。サイン帳という懐かしい代物まであって、時が戻りました。書かれている番組名に時代を感じます。

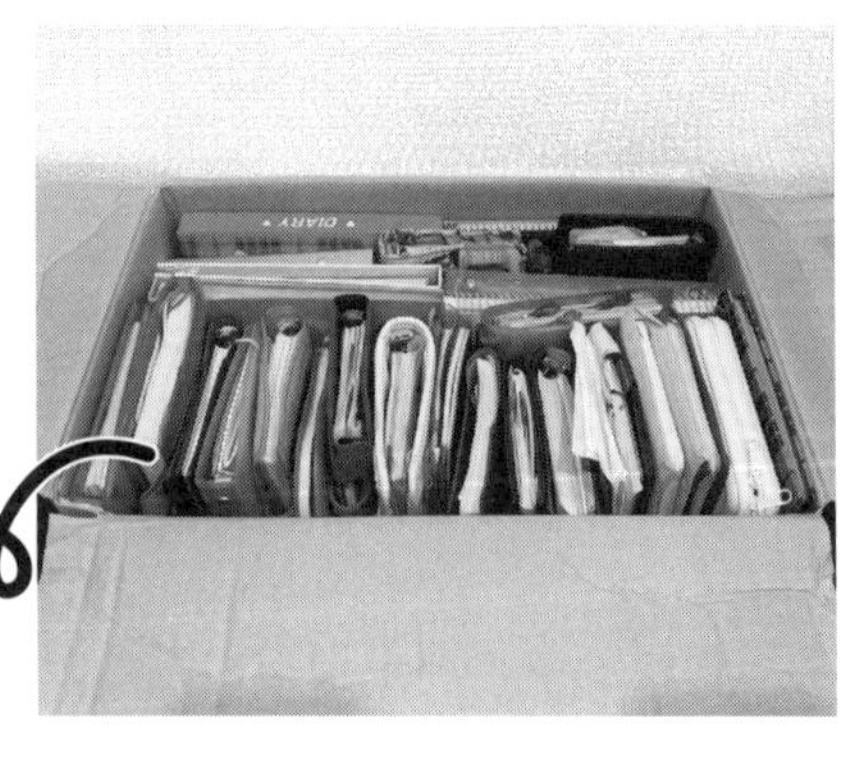

大丈夫

乳がんが発見されて不安がる私のために、夫が書いて家中のいたるところに貼った「大丈夫」の紙。今でも大切にとってあります。

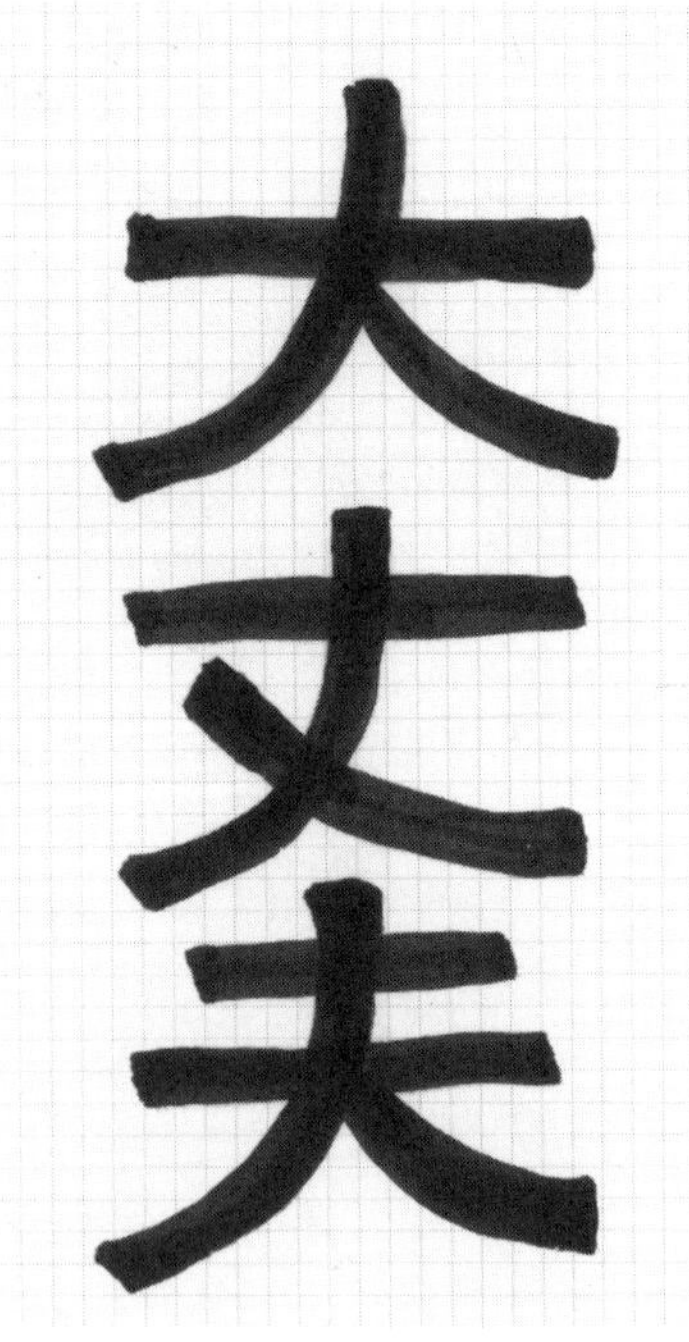

泣けてきた！②

プリクラ

時代を感じずにはいられない、初期のプリクラ。両親と撮ることはもうないだろうから、大切に残しておくことにしました。

夫の料理

私の誕生日＆結婚記念日のお祝いに夫が料理を。お品書きつきで、鰺の南蛮漬けから皮ごとりんごのコンポートまで。おいしかった！

片付けてみた！

冷蔵庫

P61でも書いたように、冷蔵庫の整理をするのが好き。見通しがよくなって気分もいいし、体まできれいになった気持ちになるんです。

残してよかった

電子レンジ

引っ越しのタイミングで捨ててしまおうかと思いましたが、やっぱり毎日のように活用しています。文明の利器には勝てませんね。

もらってみた！

手作り野菜

父が家庭菜園で作った野菜たち。カレンダーの裏側に書いたメッセージつきで送ってきてくれます。ロマネスコ（右）などの変わり種も。

なくしてよかった

食器棚

前の家で使っていた食器棚は捨てて、皿などは備えつけの棚に立てて収納することに。取り出しやすく、使いやすくなりました！

てきた！

❶

2016年6月。抗がん剤治療を4回ほどした後の髪はつるっぱげではなく、オランウータンの赤ちゃんふう。

❷

2016年10月、抗がん剤があと１回で終わりの頃。夫に剃ってもらった、髪の毛。眉毛もまつ毛もハゲ散らかしました。

❸

2017年、モンチッチ時代。前髪の伸びが遅く、旅行先や仕事では、まだウィッグを被っていました。

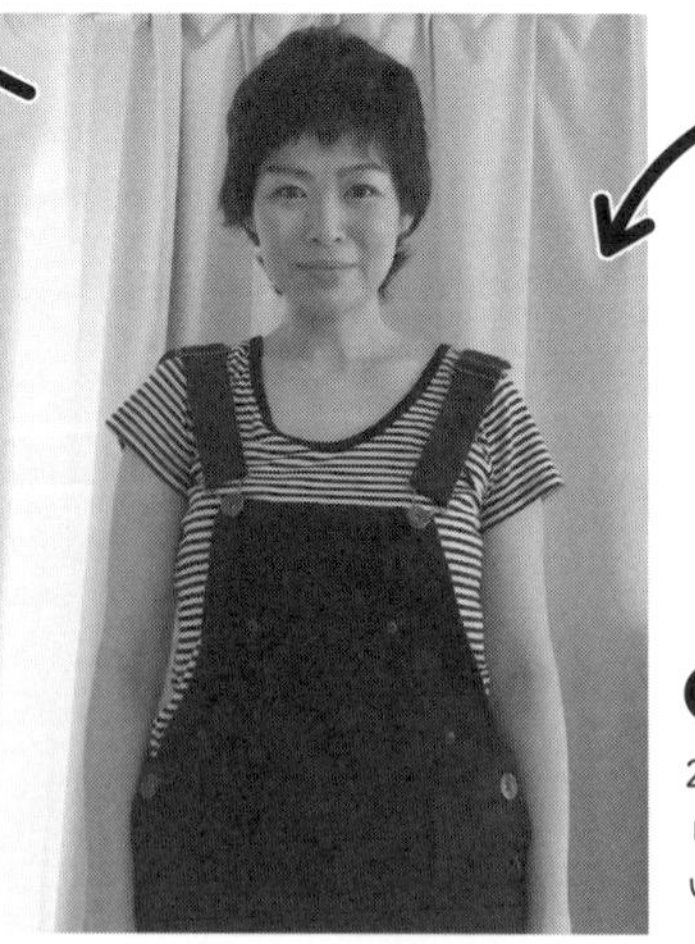

❹

2017年夏、人生初のくせ毛。アムロ・レイ時代。前髪は、モヤシのヒゲみたいに、ヒョロヒョロしていました。

髪、生え

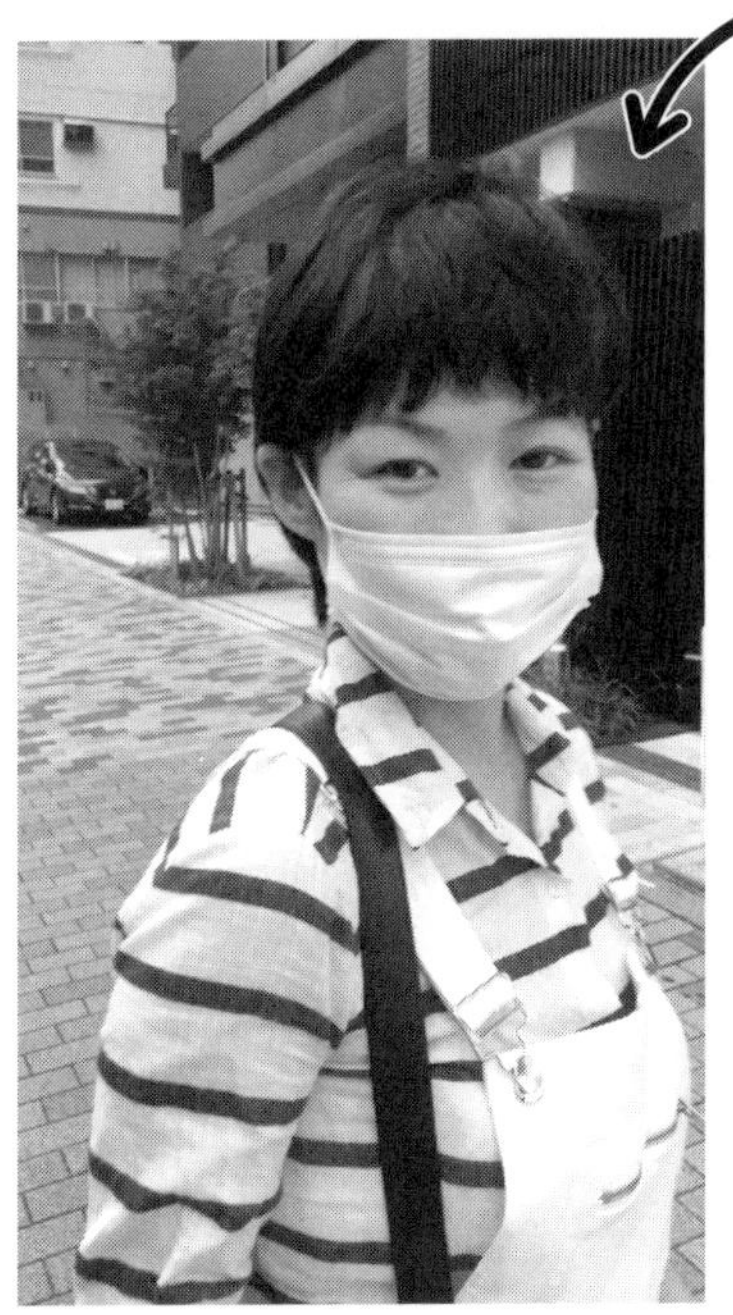

❺

なかなか伸びない前髪。後ろ髪は習字のハネ状態で、まるで葛飾北斎の描く波みたいでした。

❻

ハゲ散らかしてから初カット。抗がん剤治療をして10か月くらい。今はこの頃より髪質がよくなりました。

続けてみた

産毛が抜けて、化粧ノリがよくなり、どうせなら女子力をさらに上げようと始めたパック。お気に入りの大仏パックです。

してみた！

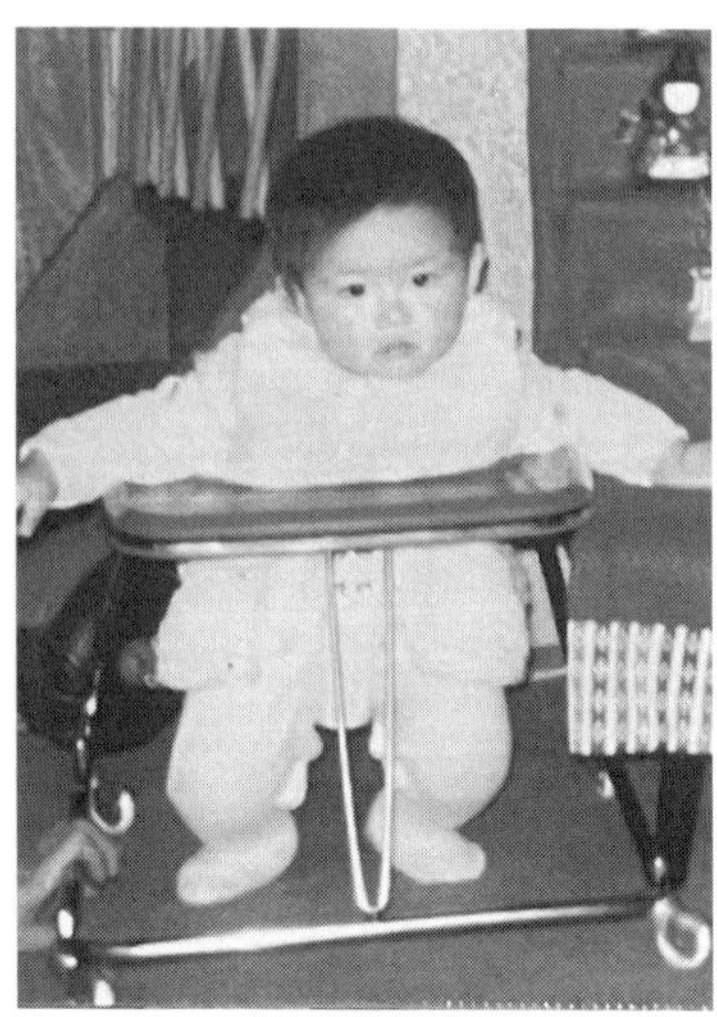

夫婦の子供時代

夫（左）と私（右）が歩行器に乗っていた頃。なぜか表情が険しい私。片づけの最中に昔の写真を見ては、家族への想いが募りました。

子供グッズ

どうやら"ツイている"らしいお腹の中の子供。8年前の不妊治療中から夫が買ってきたものたちが無駄にならなそうです。

家族を、欲

結婚式

掃除したら出てきた結婚披露宴のＤＶＤ。まだ一度も見ていません（笑）。結婚式は、家族や親せきが喜んでくれてうれしかったなあ。

お守り

腹帯の中にお守りを入れるといいと聞いて、たくさん買って入れてみました。どうかどうか、無事に生まれてきてくれますように。

だいたひかる

1975年、埼玉県出身。気になる人やモノに対し、「どーでもいいですよー」や「私だけでしょうか？」とツッコミを入れる漫談で人気を博し、2002年に第1回『R-1ぐらんぷり』で優勝。2016年、乳がんが発見され、右胸を全摘出。「1日1捨」の片づけ生活を始める。2019年に再発するも、闘病前から続けていた不妊治療により、2021年に妊娠。2022年1月、第1子出産予定。

ブックデザイン　小口翔平＋畑中茜（tobufune）
DTP　美創
イラスト　いよりさき
編集協力　和田紀子

生きるために、捨ててみた。

2021年12月10日　第1刷発行

著者　だいたひかる
発行人　見城 徹
編集人　森下康樹
編集者　山口奈緒子
発行所　株式会社 幻冬舎
〒151-0051東京都渋谷区千駄ヶ谷4-9-7
電話　03(5411)6211(編集)
03(5411)6222(営業)
振替00120-8-767643
印刷・製本所　株式会社 光邦

検印廃止

万一、落丁乱丁のある場合は送料小社負担でお取替致します。小社宛にお送り下さい。本書の一部あるいは全部を無断で複写複製することは、法律で認められた場合を除き、著作権の侵害となります。定価はカバーに表示してあります。

©HIKARU DAITA, GENTOSHA 2021
Printed in Japan
ISBN978-4-344-03867-7 C0095
幻冬舎ホームページアドレス　https://www.gentosha.co.jp/
この本に関するご意見・ご感想をメールでお寄せいただく場合は、
comment@gentosha.co.jpまで。